毎日食べたい

# 女子栄養大学の500kcal定番ごはん

女子栄養大学短期大学部　松田早苗・豊満美峰子

女子栄養大学出版部

毎日食べたい　女子栄養大学の500kcal定番ごはん
# CONTENTS

## 女子栄養大学の500kcalごはん

| はじめに | ▶ | どうして500kcalごはんなの? | 6 |
| 1 | ▶ | この本の500kcalごはんの特徴は? | 7 |
| 2 | ▶ | 500kcalごはんの基本パターン | 8 |
| 3 | ▶ | 500kcalごはんのコツ | 10 |
| 4 | ▶ | この本の使い方 | 12 |

## 肉が主菜の献立

| menu 1 | ▶ | 豚肉のしょうが焼きのごはん | 14 |
| menu 2 | ▶ | レバーのいため物のごはん | 16 |
| menu 3 | ▶ | 牛肉の八幡巻きのごはん | 18 |
| menu 4 | ▶ | ロベール風煮込みのごはん | 20 |
| menu 5 | ▶ | 鶏肉のおでんのごはん | 22 |
| menu 6 | ▶ | ポトフのごはん | 24 |
| menu 7 | ▶ | いりどりのごはん | 26 |
| menu 8 | ▶ | から揚げのごはん | 28 |
| column | | 女子栄養大学がおすすめする食べ方① | 30 |

## 魚が主菜の献立

| menu 1 | ▶ | サケのムニエルのごはん | 32 |
| menu 2 | ▶ | ムツの煮つけのごはん | 34 |
| menu 3 | ▶ | アジの梅干し煮のごはん | 36 |
| menu 4 | ▶ | サワラの幽庵焼きのごはん | 38 |
| menu 5 | ▶ | 寄せなべのごはん | 40 |
| menu 6 | ▶ | アジの酢じめのごはん | 42 |
| menu 7 | ▶ | イカの五目いためのごはん | 44 |
| menu 8 | ▶ | サバのみそ煮のごはん | 46 |
| column | | 女子栄養大学がおすすめする食べ方② | 48 |

## PART 3
### Soy & Egg Recipe

## 大豆製品・卵が主菜の献立

| menu 1 | ▶ | 豆腐の五目あんかけのごはん …… 50 |
| menu 2 | ▶ | 麻婆豆腐のごはん …… 52 |
| menu 3 | ▶ | 肉豆腐のごはん …… 54 |
| menu 4 | ▶ | ゴーヤーチャンプルーのごはん …… 56 |
| menu 5 | ▶ | 厚揚げのみそいためのごはん …… 58 |
| menu 6 | ▶ | カニ玉のごはん …… 60 |
| menu 7 | ▶ | 袋卵のごはん …… 62 |
| menu 8 | ▶ | スペイン風オムレツのごはん …… 64 |

column 女子栄養大学がおすすめする食べ方 ③ ……66

## PART 4
### Rice dish Recipe

## ごはんの献立

| menu 1 | ▶ | 親子どんぶり …… 68 |
| menu 2 | ▶ | イワシの蒲焼きどんぶり …… 70 |
| menu 3 | ▶ | 鶏そぼろどんぶり …… 72 |
| menu 4 | ▶ | オムライス …… 74 |
| menu 5 | ▶ | ちらしずし …… 76 |
| menu 6 | ▶ | ビビンパ風どんぶり …… 78 |
| menu 7 | ▶ | 野菜と豆のカレー …… 80 |

食卓にもう一品  彩り小鉢 …… 82

## APPENDIX
### Yongun Method

## 女子栄養大学の「四群点数法」の基本

| 1 | ▶ | 健康的できれいになる! 女子栄養大学の「四群点数法」…… 86 |
| 2 | ▶ | 1日20点（1600kcal）の献立のつくり方 …… 88 |
| 3 | ▶ | 1点（80kcal）あたりの食品重量と各群の特徴 …… 89 |
|   |   | 掲載料理の栄養価一覧 …… 92 |

## 計量カップ・スプーンによる重量表(g) 実測値

| 食品名 | 小さじ (5ml) | 大さじ (15ml) | カップ (200ml) |
|---|---|---|---|
| 水 | 5 | 15 | 200 |
| 酢 | 5 | 15 | 200 |
| 酒 | 5 | 15 | 200 |
| しょうゆ | 6 | 18 | 230 |
| みりん | 6 | 18 | 230 |
| みそ | 6 | 18 | 230 |
| 食塩 | 6 | 18 | 240 |
| あら塩（並塩） | 5 | 15 | 180 |
| 上白糖 | 3 | 9 | 130 |
| はちみつ | 7 | 21 | 280 |
| ジャム | 7 | 21 | 250 |
| 小麦粉 | 3 | 9 | 110 |
| かたくり粉 | 3 | 9 | 130 |
| パン粉 | 1 | 3 | 40 |
| ベーキングパウダー | 4 | 12 | 150 |
| 牛乳 | 5 | 15 | 210 |
| 生クリーム | 5 | 15 | 200 |
| 粉チーズ | 2 | 6 | 90 |
| 中濃ソース | 6 | 18 | - |
| トマトピューレー | 5 | 15 | 210 |
| トマトケチャップ | 5 | 15 | 230 |
| マヨネーズ | 4 | 12 | 190 |
| カレー粉 | 2 | 6 | 80 |
| ごま | 3 | 9 | 120 |
| 練りごま | 5 | 15 | 210 |
| 油 | 4 | 12 | 180 |
| バター・マーガリン | 4 | 12 | 180 |
| 胚芽精米・精白米 | - | - | 170 |
| 無洗米 | - | - | 180 |

※ 胚芽精米・精白米1合 (180ml) = 150g
※ 無洗米1合 (180ml) = 160g

計量カップ・スプーンは女子栄養大学の創始者 香川綾が考案しました。（くわしくは11ページ）

## 本書の姉妹本

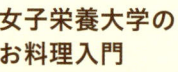

**女子栄養大学のお料理入門**
女子栄養大学出版部
1680円（税込）

定番おかずのつくり方を、ていねいなプロセスつきでご紹介。料理の基本を完全マスターできる一冊です。

**女子栄養学の毎日おかず**
女子栄養大学出版部
1890円（税込）

おいしくヘルシーなおかず約400品をご紹介。主菜、副菜、汁物の分類つきで、献立のバリエーションを広げるのに最適です。

INTRODUCTION
500kcal Recipe

# 女子栄養大学の 500kcalごはん

栄養バランスを整えたうえ、エネルギーまで考えて献立をつくるなんて、家庭ではとうていできそうもないと思っていませんか？ 実はシンプルな法則を知っていれば、そう難しいことではありません。女子栄養大学の健康的な献立づくりの基本をぜひご家庭でお役立てください。

## contents

| | | |
|---|---|---|
| はじめに ▶ | どうして500kcalごはんなの? | ……… 6 |
| 1 ▶ | この本の500kcalごはんの特徴は? | ……… 7 |
| 2 ▶ | 500kcalごはんの基本パターン | …… 8 |
| 3 ▶ | 500kcalごはんのコツ | ……… 10 |
| 4 ▶ | この本の使い方 | ……… 12 |

はじめに

# どうして500kcalごはんなの?

500kcalはひとつの目安。ほどよい量を知って、
健康維持やダイエットに役立てましょう。

## 1日に必要なエネルギーの基本は1600kcal、1食あたり530kcalになります

　健康な成人女性の1日に必要な最低限のエネルギー量は、1600kcalとされています。

　この1日1600kcalを朝・昼・夕3回の食事に配分すると、1食あたり約530kcalです。これが1食分に必要なエネルギー量のひとつの目安になります。本書では、この530kcalを基本に、500kcal台の献立をご紹介しています。

　しかし、1日に必要なエネルギー量は、年齢や性別、運動量によって異なります。成長期の人や、男性、運動量が多い人などは、1日に1600kcalではエネルギー不足です。

　栄養素を充分確保したうえで、エネルギーは体重の変化をみながら調整していくものですので、やみくもに"1食500kcal"という数字にとらわれないように気をつけましょう。

## ダイエットや1日のエネルギー調整に役立ちます

　近年の食生活の傾向として、油やお菓子、食塩のとりすぎ、野菜不足があげられます。

　このような食生活は、肥満や糖尿病、高血圧、脂質異常症などの生活習慣病を引き起こし、ひいては脳梗塞、心筋梗塞などを招きます。

　これらの病気の予防、改善にはダイエットなどの食事改善が必要です。

　ダイエットが必要なかたは、本書の献立をそのままご活用いただければ、適切な食事の量を実感でき、きっと役立つことでしょう。

　また、現代の食生活は外食抜きに考えることはできませんが、外食はたいていエネルギーオーバーになりがちです。外食をした際には、1日のうち1食を本書の献立にかえることで、1日のエネルギー調整をはかることができます。

INTRODUCTION
500kcal Recipe

# 1 この本の500kcalごはんの特徴は?

女子栄養大学の四群点数法を基にして、
栄養バランスのとれたおいしい500kcalごはんをご紹介しています。

### ①女子栄養大学のバランスのよい食事法に基づいています

食事でたいせつなのは、量と質です。同じエネルギー量でも、どんな食品をどのくらい食べるのかが、とてもたいせつです。

栄養素の似たものばかり食べていると栄養バランスが偏り、太ったり栄養不足になったりして、体調をくずしてしまいます。

バランスのよい食事とは、私たちの体に必要な栄養素を過不足なくとることです。女子栄養大学では、食品を栄養的に似たもので4つのグループに分けて、それらをバランスよく食べる「四群点数法」という方法を提唱しており、本書では、この四群点数法に基づいて献立を作成しています。

### ②エネルギーの増減も可能です

四群点数法はエネルギーの増減も簡単にできますので、成長期や運動をする人へのアレンジも可能です(くわしくは87ページ)。

### ③家庭になじみのある定番料理を選んでいます

どなたにも簡単に実践していただけるように、家庭の食卓によくあがる、いわゆる定番料理を500kcal台の献立となるようにくふうをし、ご紹介しています。

## バランスよく食べたい4つの食品群

 第1群 乳・乳製品、卵

 第2群 魚介、肉、豆・豆製品

 第3群 野菜、芋、果物

 第4群 穀類、油脂、砂糖

家族のためにエネルギーを増やしたいときはどうしたらいいの?

エネルギーの増減も簡単にできるのが四群点数法です。くわしくは86ページをご覧ください。

# 2　500kcalごはんの基本パターン

献立を考えるときのお手本は、定食屋さんのメニュー。
主食、主菜、副菜、汁物を基本にします。

**主食**
ごはん、パンなどの穀類。とりすぎるとエネルギーオーバーになります。ごはんの基本は150ｇ（茶わんに軽く１杯）です。

**汁物**
野菜や芋、海藻類を中心にして、汁¾カップ、汁の実50ｇを目安に。小さめの副菜（副々菜）にかえても。

**副菜**
野菜、芋、海藻、きのこ類を中心にしたおかず。いろいろな食品を組み合わせて、100ｇくらいを目安に。

**主菜**
肉、魚、豆・豆製品、卵など、たんぱく質源となるもの。肉、魚は大体70～80ｇ、手のひらくらいの大きさが目安。

## 献立の基本パターンは定食屋さん

　いわゆる定食屋さんのような「主食・主菜・副菜・汁物」を基本パターンにすると、栄養バランスのよい献立を楽に考えることができます。
　汁物は、小さめの副菜にかえてもよいでしょう。
　ポイントは、１食の中に主食として穀物、主菜として肉や魚などのたんぱく質を含む食品、副菜として100ｇ以上の野菜を入れるようにすることです。

## 栄養バランスは１日全体で考えましょう

　栄養を整えるには、四群点数法の４つの食品群をバランスよくとるようにお話ししましたが、１食の献立ですべてをそろえることはできませんので、１日で考えるようにします。
　主食の穀物、副菜の野菜は毎食そろえますが、たとえば主菜はこんなふうに。朝食に卵、昼食に肉を食べたら、夕食は魚に。朝と昼に芋を食べていない日は、夕食のみそ汁に加える……など。また、１日のうちで乳製品、果物も適量忘れずに食べるようにしましょう。

INTRODUCTION
500kcal Recipe

# 初心者にもできる500kcalごはんのチェックポイント

エネルギーや栄養バランスを考えて献立をつくるのは難しいもの。
チェックポイントをクリアして、500kcalごはんの基本をつかみましょう。

## Check 1
### 肉、魚、卵、豆・豆製品類を使うのは主菜のみにする

✓ 肉、魚、卵、豆・豆製品などのたんぱく質源を副菜や汁物などにも加えていると、全体の量がわからなくなり、食べすぎになりがちです。
献立づくりに慣れるまでは、"たんぱく質は主菜だけ"と決めると、1回に食べる量がわかりやすくなります。

## Check 2
### こってり主菜にさっぱり副菜

✓ エネルギー過剰にならないためには、油の使い方も決め手。主菜が油を使う揚げ物やいため物の場合は、副菜は油を使わない煮物、あえ物にします。また、主菜が焼き物、蒸し物などで油を使わない場合は、副菜に油を使います。シンプルに、油は1食一品と決めてもよいでしょう。

## Check 3
### 野菜はたっぷり、1日1回はきのこか海藻

✓ エネルギーが低い野菜類はたっぷり食べます。目標は1日350g以上。野菜は淡色（レタス、きゅうりなど）と緑黄色（ほうれん草、にんじんなど）で栄養が異なります。野菜の1/3は緑黄色野菜にしましょう。忘れがちなきのこや海藻も、1日1回食べることを意識して。

## Check 4
### 肉か魚、野菜、主食がそろえば定食でなくてもOK

✓ 家庭では、いつも手間をかけられないこともあります。定食パターンにならなくても、含まれる食品が肉や魚、野菜を欠かさないものであればだいじょうぶです。たとえばシチューには、一皿に肉も野菜も入っていますので、これに生野菜サラダ、ごはんかパンを添えれば充分なのです。

### ❋ memo
### コンビニごはん・市販食品

コンビニや市販の総菜を利用するときも、献立の考え方と同じで、主食＋主菜（たんぱく質のおかず）＋副菜（野菜）と選びましょう。油の多い料理、濃い味の料理が重ならないようにすることもポイントです。野菜は100g以上、小さめのパックなら2品購入するようにしましょう。

おにぎり ＋

サラダ
から揚げ

## 3 | 500kcalごはんのコツ

エネルギーをコントロールするには、いくつかのコツがあります。コツをつかめば、500kcalごはんも自由自在です。

### コツ1 油はきちんと計る

油はとてもエネルギーが高く、大さじ1杯で111kcalもあります。1食に使う量は小さじ1杯強（40kcal）が目安。目分量ではどうしても使いすぎるので、かならず計量するようにしましょう。これは同じ油脂類のバターも同様です。かたまりのバターは1切れ10g（75kcal）くらいに切り分けておくと便利です。

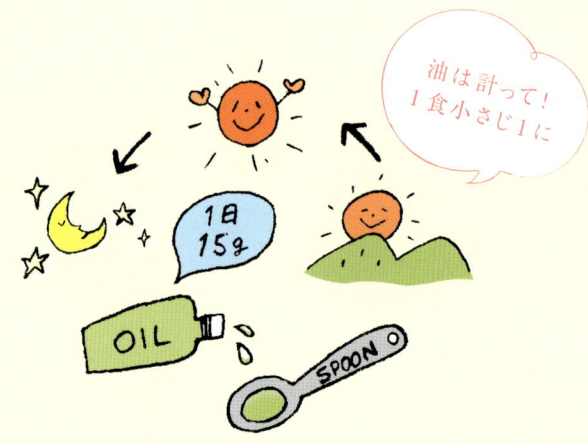

油は計って！
1食小さじ1に

### コツ2 ごはんは計ってきちんと食べる

ごはんは茶わんに軽く1杯（150g）が基本ですが、"1杯"のイメージは人によって違うものです。きちんと計量しましょう。また、ごはん抜きのダイエットが流行していますが、ごはんを抜いてもダイエットは成功しません。ダイエット中でも最低100gは食べるようにしましょう。

ごはん抜きはNG！
適量を
きちんと食べる

### コツ3 肉や魚は部位、種類に注意する

肉や魚は部位や種類によって脂肪の量が変わり、エネルギーにも影響します。肉は、脂肪の多いバラや霜降りの肉に比べて、ももやヒレなどの赤身肉は脂肪が少なく、低エネルギーです。

魚ならば、サンマやサバなどの青魚は油が多く高エネルギーです。青魚の油は血液中の脂質を減らす効果があり、積極的にとり入れたい食品です。青魚を食べた日は肉は控えるか、食べる場合は赤身の部位を少量にしましょう。

部位も
要チェック
ポイント！

## コツ4 よく噛む食材を使う

早食いは食べすぎのもとです。人はよく噛むことで、満腹の指令が体に行きわたりますが、早食いの人はよく噛まずに飲み込んでいるため、満腹になったときには、すでに食べすぎているのです。

早食いを防ぐために、噛みごたえのある野菜やきのこ、海藻類など食物繊維の多い食品をたくさんとり入れましょう。雑穀米や全粒粉パンなどもおすすめです。また、ひと箸を少量に、ゆっくりよく噛むことを意識して食べましょう。

ゆっくりよく噛んで食べよう

---

## そろえておきたい計量カップ・スプーン

500kcalごはんは、きちんと計ることがたいせつです。目分量では、自分が食べすぎなのか、足りないのかわかりません。はかりのほかにそろえておきたいのが、計量カップ・スプーン。商品によってカップ1杯、スプーン1杯あたりの量が違いますので、注意してください。

### 女子栄養大学の計量カップ・スプーン

カップ
200mℓ

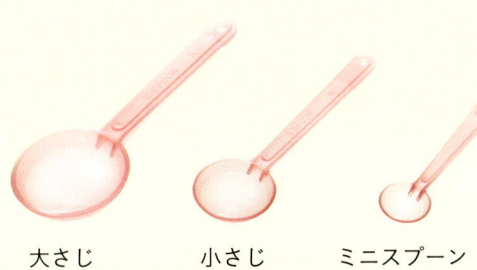

大さじ
15mℓ

小さじ
5mℓ

ミニスプーン
1mℓ

すり切り用へら

＊ミニスプーンはおもに塩を計るときに使います。塩の粒の大きさにもよりますが、1杯は約1gです。
女子栄養大学代理部 ☎03-3949-9371

### point

#### 計るときのポイント

＊小麦粉や砂糖などの粉類は、かたまりがあればつぶし、ふるってふんわりとした状態にして計ります。底をたたいたり、押し込んだりしないようにしてください。

＊油やしょうゆなどの液状のものは、表面張力で液体が盛り上がるくらいに、内径を満たすように計ります。

＊みそやバターを計るときは、空間ができないようにへらで詰め込み、へらできれいにそぎ払います。

＊あずき、豆など粒状のものは、いっぱいにすくってから底の部分を軽くたたき、へらですり切ります。

# この本の使い方

献立の総エネルギーが表示されています。

1品ずつのエネルギー量と塩分が表示されています。他の献立と組み合わせるときに参考にしてください。

献立全体のたんぱく質・脂質・炭水化物・塩分を表示しています。その他の栄養素はP92へ。

四群点数法にのっとって計算された、各群の点数が表示されています。

## レシピについて

*計量カップ・スプーン
女子栄養大学のカップ・スプーン（11ページ）を使用しました。

*レシピの分量
基本は1人分です。ただし、ポトフやカレーのように、少量では作りにくいものは、適宜、作りやすい分量で表示しました。

*材料表の重量
基本的にすべて正味重量（皮や殻、種など食べない部分を除いた重量）です。

*だし
和風だしのこと。市販のだしのもとは塩分が含まれているので、使用する場合は調味料の量に注意してください。

だしの作り方　なべに水3カップとこんぶ7cm角を入れ、弱火で10分ほど煮る。削りガツオ1カップを加え、1分煮て火を消す。そのまま5分ほどおき、こんぶと削りガツオを濾し除く。

*鶏がらスープ
鶏肉、鶏がらからとったスープのこと。本書では、湯2½カップに市販の顆粒だし小さじ1をといたものを使用。製品によって割合は異なるので、袋の表示に従ってください。

*ブイヨンスープ
西洋だしのこと。本書では、湯5カップにブイヨンキューブ1個をといたものを使用。製品によって割合は異なるので、袋の表示に従ってください。

*塩
粒の細かい塩を使用。小さじ1＝6g、ミニスプーン1＝1.2g。

## ごはんについて

本書のごはんは、女子栄養大学でおすすめしている胚芽精米を使用しています。胚芽精米は、精米の際に胚芽部分を残した米で、白米に比べてビタミンや食物繊維が多く含まれています。
エネルギーは白米とほぼ同じで、150gあたり胚芽精米は251kcal、白米は252kcalになります。

PART 1
Meat Recipe

# 肉が主菜の献立

肉は良質なたんぱく質が豊富な食品。
食べすぎ、脂肪のとりすぎに
気をつけて、おいしくいただきましょう。

## contents

| menu 1 | ▶ 豚肉のしょうが焼きのごはん …… 14 |
| menu 2 | ▶ レバーのいため物のごはん …… 16 |
| menu 3 | ▶ 牛肉の八幡巻きのごはん …… 18 |
| menu 4 | ▶ ロベール風煮込みのごはん …… 20 |
| menu 5 | ▶ 鶏肉のおでんのごはん …… 22 |
| menu 6 | ▶ ポトフのごはん …… 24 |
| menu 7 | ▶ いりどりのごはん …… 26 |
| menu 8 | ▶ から揚げのごはん …… 28 |

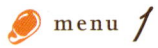 menu 1

**みんなに人気の定番おかず**

# 豚肉のしょうが焼きのごはん

しょうがは肉や魚の臭みをとるほか、肉をやわらかくする作用も。
汁も実だくさんで、たっぷり野菜を食べる献立です。

1食分
*599*
kcal

PART1
Meat Recipe

## 主菜 豚肉のしょうが焼き　264 kcal　塩分：1.1g

**材料（1人分）**
- 豚肩薄切り肉……………80g
- A
  - しょうゆ……小さじ1
  - 酒……………小さじ1
  - しょうが汁……小さじ1
- 砂糖……………小さじ1弱
- 油………………小さじ1
- つけ合わせ
  - ピーマン……大1個(40g)
  - 油…………小さじ1弱
  - 塩…………ごく少量

**作り方**
1. 豚肉はAをからめて5分ほどおく。
2. ピーマンは繊維に直角に細く切り、油を熱したフライパンでいため、塩で調味してとり出す。
3. フライパンをキッチンペーパーでふき、油を入れて熱する。豚肉を1枚ずつ手早く広げて強火で焼く。
4. 赤い肉汁がにじみ出て、色が変わりはじめたら裏返す。砂糖を表面に均等にふりかけ、つけ汁が残っていればまわしかける。調味液をからませるようにしてつやよく焼く。
5. 器に盛り、ピーマンを添える。

## 副菜 ブロッコリーのマスタードあえ　37 kcal　塩分：0.7g

**材料（1人分）**
- ブロッコリー……………70g
- A
  - 粒入りマスタード
    ……………小さじ1
  - しょうゆ……小さじ½

**作り方**
1. ブロッコリーは小房に切り分ける。茎は根元のかたいところを切り落とし、皮をむいて縦に薄く切る。
2. 沸騰湯でやわらかくなるまで3～4分ゆでて、ざるに広げてさます。
3. あら熱がとれたら小房を2つ3つに小さく切り分け、混ぜ合わせたAであえる。

## 汁物 キャベツとじゃが芋のみそ汁　47 kcal　塩分：1.1g

**材料（1人分）**
- キャベツ…………………30g
- じゃが芋…………………30g
- だし………………1カップ
- みそ……………小さじ1強
- 七味とうがらし…………適量

**作り方**
1. キャベツは4cm長さの太めのせん切りにし、じゃが芋は長さ4cm、幅1cmの短冊切りにする。
2. なべにだしとじゃが芋を入れて火にかけ、煮立ったら火を弱めて3分ほど煮る。キャベツを加え、さらに3分ほど煮て、具がやわらかくなったらみそをとき入れる。
3. わんに注ぎ、七味とうがらしをふる。

## 主食 胚芽精米ごはん（150g）　251 kcal　塩分：0g

### Arrange Point
- 豚肉の部位は、ももやロースでも。ただしロースは脂肪が多く、肩よりやや高エネルギーに。ももは逆に低エネルギーになります。
- 副菜のマスタードあえの味つけは、アスパラガスや小松菜にもよく合います。

| 栄養価 | |
|---|---|
| たんぱく質 | 25.7g |
| 脂質 | 21.7g |
| 炭水化物 | 73.9g |
| 塩分 | 2.9g |

| 四群点数 | | |
|---|---|---|
| ♠ | 1群 | 0点 |
| ♥ | 2群 | 2.2点 |
| ♣ | 3群 | 0.8点 |
| ♦ | 4群 | 4.6点 |
| | 合計 | 7.6点 |

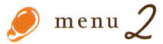 menu 2

**鉄分たっぷりパワーアップごはん**

# レバーのいため物のごはん

レバーと小松菜は鉄分やカロテン、カルシウムが豊富。
こってりした主菜なので、副菜や汁はさっぱり味に。

1食分
576
kcal

PART1
Meat Recipe

## 主菜 レバーと小松菜のいため物　*274* kcal　塩分：1.9g

材料（1人分）
- 豚レバーかたまり ……… 70g
- A
  - 酒 …………… 小さじ½
  - しょうが汁 …… 小さじ⅓
  - しょうゆ ………… 少量
- かたくり粉 …………… 適量
- 小松菜 ……………… 100g
- 油 ……………… 大さじ½
- 塩 ………………… 少量
- にんにく …………… 1かけ
- ねぎ ………………… 3cm
- 油 ……………… 小さじ2
- B
  - 酒 …………… 小さじ1
  - しょうゆ ……… 小さじ½
  - 砂糖 …………… 小さじ⅓
  - 塩 ……… ミニスプーン1

作り方
1. 豚レバーは8mm厚さの一口大に切り、流水にしばらくつけて血抜きをする。Aをからめて10分ほどおく。
2. 小松菜は4cm長さに切り、軸と葉に分けておく。にんにくとねぎはあらみじんに切る。
3. レバーの汁けをきってかたくり粉をまぶし、余分な粉をはたき落とす。
4. フライパンに油を熱し、小松菜の軸、葉の順に加えてはさっといため、塩で調味してとり出す。
5. フライパンに油を足し、にんにくとねぎをいためる。香りが出たらレバーを加え、赤い汁が出なくなるまで充分に火を通す。Bで調味し、小松菜を戻し入れて全体をいため合わせる。

## 副菜 トマトとレタスの酢の物　*30* kcal　塩分：0.6g

材料（1人分）
- トマト ……………… 50g
- レタス ……………… 50g
- 貝割れ菜 …………… 10g
- A
  - 酢 ………… 小さじ1強
  - 砂糖 ……… 小さじ1弱
  - しょうゆ … 小さじ½強

作り方
1. トマトは2cm角に切り、レタスは一口大にちぎる。貝割れ菜は3cm長さに切る。
2. 1を合わせ、混ぜ合わせたAであえる。

## 汁物 もずくスープ　*21* kcal　塩分：1.0g

材料（1人分）
- もずく ……………… 40g
- ねぎ ………………… 10g
- 鶏がらスープ ……… 180mℓ
- A
  - しょうゆ …… 小さじ½
  - ごま油 ……… 小さじ⅓
- こしょう …………… 少量

作り方
1. もずくは洗い、ねぎは薄い小口切りにする。
2. なべに鶏がらスープを温め、もずくとねぎを加えて1〜2分煮る。Aで調味し、こしょうをふる。

## 主食 胚芽精米ごはん（150g）　*251* kcal　塩分：0g

---

### Arrange Point

- レバーいためは鶏レバーにしても。鶏レバーは周囲についている白い筋や脂肪、血液のかたまりをきれいに除いて使いましょう。
- もずくスープはわかめでも美味。非常に低エネルギーなので、こってりしたおかずのときにおすすめです。

| 栄養価 | |
|---|---|
| たんぱく質 | 22.2g |
| 脂質 | 19.2g |
| 炭水化物 | 77.4g |
| 塩分 | 3.5g |

| 四群点数 | | |
|---|---|---|
| ♠ | 1群 | 0点 |
| ♥ | 2群 | 1.1点 |
| ♣ | 3群 | 0.5点 |
| ♦ | 4群 | 5.4点 |
| 合計 | | 7.0点 |

 menu 3

### こっくりとした牛肉とごぼうの風味がたまらない
# 牛肉の八幡巻きのごはん

ごぼうを肉で巻いたボリュームたっぷりのおかず。
副菜はわさび漬けのあえ物で、ピリッとした辛味を添えます。

1食分
**505** kcal

PART 1
Meat Recipe

## 主菜 牛肉の八幡(やわた)巻き　*201* kcal　塩分：1.1g

### 材料（1人分）
- 牛もも赤身薄切り肉‥80g
- 酒‥‥‥‥‥‥‥小さじ1
- ごぼう‥‥‥‥‥‥‥40g
- 油‥‥‥‥‥‥‥小さじ1
- A
  - しょうゆ‥‥小さじ1強
  - みりん‥‥‥小さじ1強
  - 酒‥‥‥‥‥小さじ1強
  - 砂糖‥‥‥‥‥小さじ1
- 粉ざんしょう（好みで）‥適量

### 作り方
1. 牛肉は酒をふり、5分ほどおく。
2. ごぼうは包丁の背でこそげて皮をむき、フライパンに入る長さに切る。酢少量（分量外）を加えた沸騰湯で10分ほどゆで、八分通り火を通す。水にとってさまし、めん棒などでたたいて繊維を砕く。
3. 牛肉を斜めに広げ、ごぼうを芯(しん)にして、巻いた肉が重なるように、少しずつずらしながら端から巻く。
4. フライパンに油を熱し、3の巻き終わりを下にして入れ、強火で肉の周囲に焼き色をつけてとり出す。
5. 続けてフライパンにAを入れ、1～2分煮詰める。4を戻し入れて調味液を煮からめ、火を消す。
6. あら熱がとれたら一口大に切って器に盛り、粉ざんしょうをふる。

## 副菜 根三つ葉のわさび漬けあえ　*38* kcal　塩分：1.0g

### 材料（1人分）
- 根三つ葉‥‥‥‥‥‥100g
- A
  - わさび漬け‥‥‥‥10g
  - しょうゆ‥‥小さじ1弱

### 作り方
1. 三つ葉は沸騰湯で1分ほどゆで、ざるに広げてさます。4～5cm長さに切り、水けを軽く絞る。
2. Aを混ぜ合わせ、三つ葉をあえる。

## 汁物 わかめと竹の子のすまし汁　*15* kcal　塩分：1.2g

### 材料（1人分）
- わかめ‥‥‥もどして20g
- ゆで竹の子‥‥‥‥‥20g
- 小ねぎ‥‥‥‥‥‥‥3g
- だし‥‥‥‥‥‥‥180mℓ
- A
  - 塩‥‥ミニスプーン½弱
  - しょうゆ‥小さじ½弱

### 作り方
1. わかめは一口大に切り、竹の子は薄く切る。小ねぎは小口切りにする。
2. なべにだしを温め、わかめと竹の子を入れて1～2分煮、Aで調味する。
3. わんに注ぎ、小ねぎを散らす。

## 主食 胚芽精米ごはん（150g）　*251* kcal　塩分：0g

### Arrange Point
- 八幡巻きは豚バラ肉にするとこってり味に。ただしバラ肉は脂肪が多く、エネルギーが200kcal近くアップするので、食べすぎに注意しましょう。
- わさび漬けは調味料として使うと、目先の変わった一品に。小松菜などもよく合います。

| 栄養価 | |
|---|---|
| たんぱく質 | 27.7g |
| 脂質 | 9.2g |
| 炭水化物 | 78.6g |
| 塩分 | 3.3g |

| 四群点数 | |
|---|---|
| ♠ 1群 | 0点 |
| ♥ 2群 | 1.4点 |
| ♣ 3群 | 0.9点 |
| ♦ 4群 | 4.2点 |
| 合計 | 6.5点 |

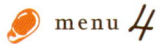 menu 4

学生にも人気の女子栄養大学の定番メニュー

# ロベール風煮込みのごはん

トマトで煮込んだやさしい味が学生にも人気。
女子栄養大学の定番料理の一つです。

1食分
572
kcal

PART1
Meat Recipe

## 主菜 豚肉のロベール風煮込み　261 kcal　塩分：0.6g　＊このレシピは4人分です。

### 材料（4人分）
- 豚肩ロース厚切り肉………80gのもの4枚
- 塩……………ミニスプーン1
- こしょう……………少量
- 玉ねぎ……………1個（160g）
- トマト水煮缶詰め………120g
- ピーマン……………2個（60g）
- 油……………大さじ1弱
- 小麦粉……………小さじ2
- A
  - ブイヨンスープ…2カップ
  - トマトピューレ…大さじ4
  - ロリエ……………1枚

### 作り方
1. 豚肉はたたいて筋切りをし、塩、こしょうをふる。
2. 玉ねぎは半分に切って繊維に沿って薄切りにし、水煮トマトはざく切りにする。ピーマンは半分に切って繊維に直角に細く切る。
3. 煮込みなべをよく熱し、油を入れて強火で肉の両面を色よく焼いてとり出す。
4. 続けて玉ねぎを入れて色づくまでいため、玉ねぎの上に3の肉をのせる。小麦粉をふり入れ、トマトとAを加え、ふたをする。煮立ったら火を弱め、20分ほど煮込む。途中、なべ底が焦げつかないようにときどき混ぜる。
5. ピーマンを加えて5分ほど煮て、ソースが肉にからむくらいに煮詰まったら火を消す。
6. 肉を食べやすい大きさに切って器に盛り、ソースをかける。

## 副菜 にんじんサラダ　55 kcal　塩分：0.3g

### 材料（1人分）
- にんじん……………50g
- 塩……………ミニスプーン1/3
- A
  - 酢……………小さじ1/2
  - こしょう……………少量
- サラダ菜……………2〜3枚
- アーモンドスライス※……5g

※120℃のオーブンで香ばしく焼く。煎り白ごまで代用してもよい。

### 作り方
1. にんじんはせん切りにし、塩をふってしばらくおく。水けを軽くきり、混ぜ合わせたAに30分ほど漬ける。
2. サラダ菜を敷いた器に盛り、アーモンドスライスを散らす。

## 汁物 きのこのスープ　116 kcal　塩分：1.5g

### 材料（1人分）
- しめじ・えのきたけ……………各20g
- 生しいたけ……………10g
- 玉ねぎ……………20g
- ベーコン……………5g
- バター……………3g
- 小麦粉……………小さじ1強
- A
  - ブイヨンスープ…140ml
  - 牛乳……………60ml
  - 塩…ミニスプーン1弱
  - ロリエ……………1枚
- こしょう（好みで）……適量

＊牛乳を加えずブイヨンスープ1カップで煮込むと、コンソメ風の軽いスープに。

### 作り方
1. しめじは小房に分け、えのきたけは2cm長さに切る。しいたけと玉ねぎは薄切りにし、ベーコンは1cm幅に切る。
2. なべにバターを熱し、玉ねぎ、ベーコン、きのこの順に加えてはいためる。
3. 小麦粉をふり入れてAを加え、全体を混ぜながら煮立てる。やや火を弱めて7〜8分煮て火を消し、こしょうをふる。

## 主食 フランスパン（50g）　140 kcal　塩分：0.8g

| 栄養価 | たんぱく質 | 26.1g | 脂質 | 28.5g | 四群点数 | ♠1群 0.5点 | ♥2群 2.8点 | 合計 7.4点 |
|---|---|---|---|---|---|---|---|---|
| | 炭水化物 | 54.3g | 塩分 | 3.2g | | ♣3群 1.0点 | ♦4群 3.1点 | |

 menu 5

**野菜たっぷり低エネルギーのおでん**

# 鶏肉のおでんのごはん

大ぶりに切った野菜を骨つき肉のうま味たっぷりのだしで煮込みます。
素朴でやさしい味わいのおでんです。

1食分
567 kcal

PART1
Meat Recipe

## 主菜 鶏肉のおでん　*238* kcal　塩分：1.9g　＊このレシピは4人分です。

**材料（4人分）**
鶏骨つきぶつ切り肉 ……………4個（200g）
大根（3cm厚さの輪切り） ……………4個（400g）
里芋 …………8個（300g）
にんじん ………1本（200g）
こんにゃく ……½枚（150g）
［キャベツ ……4枚（200g）
　豚もも薄切り肉
　　　　　…………4枚（100g）］
こんぶ（だしをとったもの）
　　　　　……………………20cm
だし ……………4カップ
塩 ………………小さじ½
みりん …………大さじ1⅓
しょうゆ ………大さじ1
練りがらし ………少量

**作り方**
❶ 大根は皮をむき、表、裏に1本ずつ互いに直角になるように隠し包丁を入れる。里芋は縦に皮をむき、にんじんは4等分の乱切りにする。
❷ こんにゃくは対角線に切って4等分にする。こんぶは細長く4等分に切って結ぶ。
❸ 沸騰湯で大根、こんにゃくを5分ほどゆでる。途中、キャベツの葉も加えて軽くゆで、ざるに広げてあら熱をとる。
❹ 同じ湯で里芋、にんじんを3分ほどゆでる。鶏肉は表面が白くなる程度にゆでて水洗いする。
❺ キャベツの芯を薄くそぎ除き、まな板に広げる。豚肉を1枚ずつ広げのせて手前から巻き、つまようじで2か所刺してとめる（キャベツ巻き）。
❻ なべにだし、鶏肉、大根、こんにゃく、こんぶを入れて塩を加え、弱火で20分煮る。大根がやわらかくなったら里芋、にんじん、キャベツ巻きを加える。
❼ ふたをして火を強め、煮立ったら弱火にし、アクを除きながら25分ほど煮る。
❽ 里芋とにんじんがやわらかくなったらみりんを加え、5分煮て火を消し、しょうゆを加える。器に盛り、練りがらしを添える。

## 副菜 青梗菜のアボカドあえ　*78* kcal　塩分：1.1g

**材料（1人分）**
青梗菜 ……………75g
アボカド ……¼個（35g）
A ［だし ………小さじ½
　　しょうゆ …小さじ½強］
刻みのり ……………少量

**作り方**
❶ 青梗菜は軸と葉に切り分ける。
❷ 沸騰湯に軸、葉の順に入れてゆで、ざるにとって湯をきる。軽く絞り、食べやすい大きさに切る。
❸ アボカドはフォークでつぶし、Aを加え混ぜ、青梗菜をあえる。器に盛り、刻みのりをのせる。

## 主食 胚芽精米ごはん（150g）　*251* kcal　塩分：0g

### Arrange Point
- おでんの具は下ゆでをして、味がしみ込みやすくします。強く煮立たせるとだしが濁るので静かにコトコト煮て、アクが出たらそのつどていねいに除きましょう。
- 副菜にはアボカドを使い、コクのあるあえ物で変化をつけます。

| 栄養価 | |
|---|---|
| たんぱく質 | 21.3g |
| 脂質 | 16.1g |
| 炭水化物 | 86.0g |
| 塩分 | 3.0g |

| 四群点数 | |
|---|---|
| ♠ 1群 | 0点 |
| ♥ 2群 | 1.6点 |
| ♣ 3群 | 2.1点 |
| ♦ 4群 | 3.5点 |
| 合計 | 7.2点 |

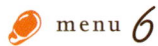 menu 6

### 西洋料理の原点。肉と野菜のシンプル煮込み
# ポトフのごはん

肉と野菜のうま味がしみ出た豊かな味わいの煮込みです。
副菜は海藻と大豆を使い、いろいろな食品をいただきます。

1食分
574
kcal

PART 1
Meat Recipe

## 主菜 ポトフ　*210* kcal　塩分：1.4g　＊このレシピは4人分です。

**材料（4人分）**
牛ももかたまり肉‥‥‥280g
玉ねぎ‥‥‥‥‥2個（320g）
かぶ‥‥‥‥‥‥4個（240g）
にんじん‥‥‥‥1本（200g）
セロリ‥‥‥‥‥1本（80g）
A｜水‥‥‥‥‥‥10カップ
　｜こしょう‥‥‥‥‥少量
　｜ロリエ‥‥‥‥‥‥1枚
塩‥‥‥‥‥‥‥‥小さじ1弱

**作り方**
❶ 牛肉はざっと洗って表面の汚れを落とし、4〜5cm角に切る。
❷ 玉ねぎとかぶは皮をむいて半分に切り、にんじんは皮をむいて7cm大の乱切りにする。セロリは筋を除いて7cm長さに切る。
❸ 深めのなべに肉とAを入れ、ふたをせず弱火にかける。煮立ったらアクを除き、1時間ほど煮る。
❹ 肉がやわらかくなったらかぶ以外の野菜と塩を加え、材料がかぶるくらいの水加減になるように水を足しながら、30分ほど煮る。かぶを加え、やわらかくなるまで10分ほど煮る。

## 副菜 ひじきと豆のサラダ　*75* kcal　塩分：0.8g

**材料（1人分）**
ひじき‥‥乾6g（もどして30g）
ねぎ‥‥‥‥‥‥‥‥‥‥10g
大豆水煮缶詰め‥‥‥‥‥15g
コーン缶詰め（ホールタイプ）
‥‥‥‥‥‥‥‥‥‥‥‥10g
A｜油‥‥‥‥‥‥‥‥小さじ1
　｜酢‥‥‥‥‥‥‥‥小さじ½
　｜塩‥‥‥‥ミニスプーン½
　｜こしょう‥‥‥‥‥‥少量

**作り方**
❶ ひじきは沸騰湯でゆで、ざるに広げてさます。
❷ ねぎはみじん切りにし、大豆とコーンは水けをきる。
❸ 1、2を混ぜ合わせたAであえる。

## 果物 りんご（70g）　*38* kcal　塩分：0g

## 主食 胚芽精米ごはん（150g）　*251* kcal　塩分：0g

### Arrange Point
● 海藻や豆製品は不足しがちな食品です。意識して献立に組み込みましょう。
● おかずにボリュームがあるときは、副々菜の代わりに果物にするとサッパリします。生のくだものはビタミンが豊富。1日1回はとりたい食品です。

| 栄養価 | |
|---|---|
| たんぱく質 | 22.1g |
| 脂質 | 15.6g |
| 炭水化物 | 85.9g |
| 塩分 | 2.2g |

| 四群点数 | |
|---|---|
| ♠ 1群 | 0点 |
| ♥ 2群 | 2.1点 |
| ♣ 3群 | 1.5点 |
| ♦ 4群 | 3.6点 |
| 合計 | 7.2点 |

 menu 7

**風味豊かな根菜をこっくりと煮上げます**

# いりどりのごはん

根菜にきのこ、こんにゃくなどを煮込んだ野菜たっぷりのおかず。
副菜は主菜によく合うさわやかな酢の物です。

総カロリー
**585** kcal

## 主菜 いりどり　235 kcal　塩分：2.0g　＊このレシピは4人分です。

材料（4人分）

- 鶏もも肉……1枚（200g）
- 油……大さじ½
- A
  - しょうゆ……大さじ1
  - みりん……大さじ1
- にんじん……100g
- ごぼう……100g
- れんこん……100g
- ゆで竹の子……100g
- こんにゃく……100g
- 干ししいたけ……5枚（もどして60g）
- さやいんげん……20g
- 塩……少量
- 油……大さじ1
- だし＋しいたけのもどし汁……約1½カップ
- B
  - 砂糖……大さじ2½
  - 酒……大さじ2
  - しょうゆ……小さじ2
  - 塩……小さじ½

PART1
Meat Recipe

## 作り方

1. 鶏肉は一口大のそぎ切りにする。にんじん、ごぼう、れんこん、竹の子は小さめの乱切りにする。こんにゃくは野菜の大きさに合わせてスプーンでちぎり、しいたけはそぎ切りにする。
2. さやいんげんは筋があれば除き、塩をまぶして沸騰湯でさっとゆでる。冷水にとってさまし、長さを3等分に切る。
3. なべに油を熱し、鶏肉を皮目を下にして重ならないように並べる。両面を軽く焦げ目がつく程度に焼いてボールにとり、Aをからめる。
4. 同じなべに油を足し、ごぼうとにんじんをいため、れんこん、竹の子、こんにゃく、しいたけを加えて全体に油がまわるようにいためる。だしとしいたけのもどし汁を加え、落としぶたをして5分ほど煮る。
5. Bを加えて全体に味をなじませ、ときどき上下を返しながら15分ほど煮る。3の調味液を加えてなじませ、鶏肉を加えて1分ほど煮る。
6. 煮汁がほとんどなくなってきたらさやいんげんを加え、残った煮汁を全体にまんべんなくからませる。

---

### 副菜 白菜の甘酢あえ　*50* kcal　塩分：0.3g

**材料（1人分）**
- 白菜 …………………… 100g
- えのきたけ …………… 25g
- 塩 ………………………… 少量
- A｜酢 ……………… 大さじ½
  ｜砂糖 ……… 小さじ1弱
- ごま油 ………………… 小さじ½

**作り方**
1. 白菜は1枚ずつはがして葉と軸に切り分ける。沸騰湯に軸、葉の順に入れて3～4分ゆで、ざるにとって湯をきる。
2. 葉はざく切りにし、軸は繊維に沿って1cm幅に切る。
3. えのきたけは1の白菜のゆで湯でさっとゆでる。ざるにとってあら熱をとり、食べやすい長さに切る。
4. 2、3の水けを絞り、塩をふって軽く混ぜ、水けを絞る。Aで調味し、ごま油を加えてよくあえる。

---

### 汁物 かきたま汁　*49* kcal　塩分：0.9g

**材料（1人分）**
- ［とき卵 ………………… ½個分
- ［だし ………………… 大さじ½
- だし ………………… ¾カップ
- 塩・しょうゆ ……… 各少量
- ［かたくり粉 …… 小さじ½
- ［だし ………………… 大さじ½
- しょうが汁 …………… 少量
- 小ねぎの小口切り …… 適量

**作り方**
1. 卵とだしを合わせ、泡立てないようにかき混ぜる。
2. なべにだしを温め、塩としょうゆで調味する。煮立ったらだしでといたかたくり粉を加えてとろみをつける。
3. よく煮立ったら、卵液を箸を伝わせながら細くまわし入れる。30秒ほどおき、卵が浮いて汁が澄んできたら火を止める。
4. わんに注ぎ、しょうが汁を加えて小ねぎを散らす。

---

### 主食 胚芽精米ごはん（150g）　*251* kcal　塩分：0g

---

| 栄養価 | たんぱく質 | 21.2g | 脂質 | 17.5g | 四群点数 | ♠1群 | 0.5点 | ♥2群 | 1.3点 | 合計 7.4点 |
|---|---|---|---|---|---|---|---|---|---|---|
| | 炭水化物 | 88.0g | 塩分 | 3.2g | | ♣3群 | 1.1点 | ♦4群 | 4.5点 | |

27

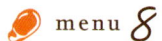 menu 8

香ばしい衣から、じゅわっと肉汁があふれ出す

# から揚げのごはん

揚げ物のおかずには、油を使わないさっぱりめの副菜を。
高エネルギーのおかずも量と組み合わせ次第です。

1食分
530
kcal

PART 1
Meat Recipe

## 主菜 鶏のから揚げ　228 kcal　塩分：0.9g

**材料（1人分）**
- 鶏もも肉 ……………… 80g
- A
  - しょうゆ …… 小さじ1強
  - 酒 ………………… 小さじ1
  - しょうが汁 ……… 少量
- かたくり粉 …………… 適量
- ししとうがらし ……… 3個
- 揚げ油

**作り方**
① 鶏肉は3〜4cmのぶつ切りにし、Aをからめて20分ほどおく。
② 鶏肉の汁けをきってかたくり粉をまぶし、余分な粉をはらい落とす。
③ 160℃に熱した揚げ油でししとうがらしをさっと揚げる。続けて鶏肉を入れ、上下を返しながら、肉の中心に火が通るまで4〜5分揚げてとり出す。
④ 油を180℃に熱し、鶏肉を再度入れて30〜40秒間、表面がからりと色よくなるまで揚げる。
⑤ 器に盛り、ししとうがらしを添える。

## 副菜 ゆず大根　25 kcal　塩分：0.9g

**材料（1人分）**
- 大根 ………………… 100g
- 塩 ………… 小さじ1/3
- 水 ………… 小さじ2
- ゆずの皮 …………… 少量
- A
  - ゆずの汁 …… 小さじ2
  - 砂糖 ………… 小さじ1/3

**作り方**
① 大根は5mm幅の太めのせん切りにし、ボールに入れる。塩と水を加えて軽く混ぜ、15分ほどおく。
② ゆずはよく洗って皮を薄くそぎとり、汁を絞る。皮は細いせん切りにする。
③ 大根がしんなりして水が出てきたら、水で洗って塩けを抜く。混ぜ合わせたAであえ、ゆずの皮を加え混ぜる。

## 汁物 にらともやしとわかめのスープ　26 kcal　塩分：1.7g

**材料（1人分）**
- にら …………………… 20g
- もやし ………………… 20g
- わかめ ……… もどして20g
- 鶏がらスープ ……… 1カップ
- しょうゆ ……… 小さじ1弱
- ラー油 ………………… 少量

**作り方**
① にらは4〜5cm長さに切り、わかめは一口大に切る。
② なべに鶏がらスープを温め、にらともやしを入れる。火が通ったら、わかめとしょうゆを加えてひと煮立ちさせる。
③ 器に注ぎ、ラー油をたらす。

## 主食 胚芽精米ごはん（150g）　251 kcal　塩分：0g

### Arrange Point

- 鶏もも肉は、80gあたり皮つきでは160kcal、皮なしなら93kcalになります。
- つけ合わせも大事な栄養源。ピーマンやアスパラガスなども、さっと揚げておいしい野菜です。
- ゆず大根は大根の代わりに白菜やかぶもおすすめ。
- スープはにらの代わりにほうれん草や小松菜でも。

| 栄養価 | | 四群点数 | |
|---|---|---|---|
| たんぱく質 | 19.9g | ♠ 1群 | 0 点 |
| 脂質 | 16.6g | ♥ 2群 | 2.0 点 |
| 炭水化物 | 73.2g | ♣ 3群 | 0.4 点 |
| 塩分 | 3.5g | ♦ 4群 | 4.3 点 |
| | | 合計 | 6.7 点 |

column

# 女子栄養大学がおすすめする食べ方

### 理想的な食事のリズムとは？

　食事をとる時間は、朝食は朝6時～7時前後、夕食は朝食から12時間後の夜6時～7時、昼食はそのちょうど中間である正午～午後1時が理想的といわれています。

　また、食事のボリュームとしては、"朝食と昼食はしっかり、夕食は軽めに"が理想です。

　たいていの人は日中は体をよく動かすので、エネルギーの消費量が大きく、しっかり食べてもそのぶん消費されます。しかし夕食後は活動量が少ないので、あまり消費されません。特に夜10時以降の食事は、体脂肪の増加を招くので避けたいものです。

　朝食は目覚めのスイッチを入れる重要な役目がありますので、かならずとるように心がけましょう。

### 1週間の平均で考えよう

　でも私たちの生活は、理想どおりにはいかなくて当然です。飲み会の席があればついつい飲みすぎたり食べすぎたり、忙しい日は1食抜いてしまったり。フランス料理のフルコースを食べれば、1食で1日分のエネルギー量になってしまうこともあります。

　こうして1日のエネルギーや栄養素がオーバーしたり不足したりした場合は、1週間くらいの期間で調整するようにしましょう。食べすぎた次の日は少し控えめにする、不足した食品を食べるように意識するなどして、1週間を平均したときに目標とする量におさまるように心がけます。

　1食ごとの食事のエネルギーや栄養素にとらわれすぎると、バランスのよい食事というのもなかなか長続きしないものです。

#### 1日の食べ方 check

- ☐ 毎日3食適正な時間に食べる。
- ☐ 夕食が遅くなるときは夕食はいつもより軽くする。
- ☐ エネルギーや栄養素の過不足は、1週間以内に相殺する。

PART 2
Seafood Recipe

# 魚が主菜の献立

魚の油（IPAやDHA）は、血液中の脂質を
減らす効果があるとされています。
魚も食べすぎはエネルギー過剰になるのでご注意を。

## contents

| menu 1 | ▶ サケのムニエルのごはん ……… 32 |
| menu 2 | ▶ ムツの煮つけのごはん ………… 34 |
| menu 3 | ▶ アジの梅干し煮のごはん ……… 36 |
| menu 4 | ▶ サワラの幽庵焼きのごはん …… 38 |
| menu 5 | ▶ 寄せなべのごはん …………… 40 |
| menu 6 | ▶ アジの酢じめのごはん ………… 42 |
| menu 7 | ▶ イカの五目いためのごはん …… 44 |
| menu 8 | ▶ サバのみそ煮のごはん ………… 46 |

 menu *1*

バターの風味が香ばしいソテー

# サケのムニエルのごはん

ムニエルは魚の種類を選びません。
アジやサバなど青背の魚も、タイやカジキ、スズキなど白身の魚もおすすめです。

1食分
534
kcal

PART2
Seafood Recipe

## 主菜 サケのムニエル　226 kcal　塩分：0.9g

### 材料（1人分）
- サケ ………… 1切れ（80g）
- 塩 …… ミニスプーン1弱
- こしょう ………… 少量
- 小麦粉 ……………… 適量
- 油 ……………… 小さじ1
- バター ……………… 3g
- パセリのみじん切り … 適量
- レモン ……………… 1/8個
- つけ合わせ
  - じゃが芋 ………… 50g
  - 塩 ………………… 少量
  - こしょう ………… 少量

### 作り方
1. サケは塩、こしょうをふり、4～5分おく。水けを軽くふいて、小麦粉をまぶす。
2. フライパンに油を熱し、サケを入れて30秒ほど強めの中火で焼く。火を弱め、ときどきフライパンをゆすりながら2分ほど焼く。バターを加え、フライ返しで魚を持ち上げ、とけたバターを全体にまわす。焼き色がついたらひっくり返し、同様に焼く。
3. じゃが芋は皮をむいて4つに切り、沸騰湯でやわらかくゆでる。湯を捨てて火にかけ、なべをゆすって粉を吹かせる。熱いうちに塩、こしょうで調味する。
4. サケとじゃが芋を器に盛り合わせ、パセリをふり、レモンを添える。

## 副菜 アスパラガスのヨーグルトあえ　37 kcal　塩分：0.7g

### 材料（1人分）
- アスパラガス ………… 100g
- A
  - ヨーグルト ………… 20g
  - にんにくのすりおろし ………… 小さじ1/4
  - 塩 …… ミニスプーン1/2
  - こしょう ………… 少量

### 作り方
1. アスパラガスは根元を切り落とし、下から3～4cm分の皮をむく。沸騰湯で5分ほどゆで、水にとってさまし、3cm長さに切る。
2. Aを混ぜ合わせ、アスパラガスをあえる。

## 汁物 白菜のスープ煮　20 kcal　塩分：1.0g

### 材料（1人分）
- 白菜 ………………… 130g
- ブイヨンスープ …… 1カップ
- 塩 …… ミニスプーン1/2強
- こしょう ………… 少量

### 作り方
1. 白菜は3～4cm幅のざく切りにする。
2. なべに白菜、スープ、塩を入れ、ふたをして火にかける。煮立ったら火を弱め、白菜がやわらかくなるまで20分ほど煮て、こしょうをふる。

## 主食 胚芽精米ごはん（150g）　251 kcal　塩分：0g

### Arrange Point
- 粉吹き芋は丸っこい男爵芋を使うとよく粉を吹き、ほっくりした食感が楽しめます。
- 副菜に使ったヨーグルトは、サラダの調味料に重宝します。風味づけにはにんにくのほか、マスタードやごま油などもよく合います。

| 栄養価 | |
|---|---|
| たんぱく質 | 27.7g |
| 脂質 | 11.8g |
| 炭水化物 | 78.1g |
| 塩分 | 2.6g |

| 四群点数 | | |
|---|---|---|
| ♠ | 1群 | 0.2点 |
| ♥ | 2群 | 1.3点 |
| ♣ | 3群 | 1.0点 |
| ♦ | 4群 | 4.1点 |
| | 合計 | 6.6点 |

 menu 2

白身魚をふっくらやわらかく煮つけます

# ムツの煮つけのごはん

ふっくらと煮上げた魚の煮つけは、家庭料理の定番ですね。
季節ごとに旬の魚で楽しみましょう。

総カロリー
**598** kcal

PART2
Seafood Recipe

## 主菜 ムツの煮つけ　214 kcal　塩分：1.3g

**材料（1人分）**
- ムツ ……… 1切れ（100g）
- しょうが ……… ½かけ
- A
  - 水 ……… ½カップ
  - 砂糖 ……… 大さじ½弱
  - しょうゆ ……… 小さじ1
- わかめ ……… もどして30g

※途中、煮汁が少ないようであれば、少し水を足す。

**作り方**

1. ムツはキッチンペーパーで水けをふき、皮目に斜め十文字に切り目を入れる。わかめは2～3cm幅に切る。
2. しょうがは皮を厚くむく（皮は煮汁に使う）。繊維に沿って薄切りにし、そろえて繊維に沿ってせん切りにする。水にさらして水けをきる。
3. なべにしょうがの皮とAを入れ、ムツを皮目を上にしておく。落としぶたをして強火にかけ、煮立ったら弱火にして5分ほど煮る。落としぶたをとって煮汁を魚にからめ、再び落としぶたをして7分ほど煮る。
4. ムツを器に盛り、残った煮汁でわかめを1～2分煮てムツに添える。しょうがをのせ、煮汁をかける。

## 副菜 春菊と黄菊のお浸し ごま風味　42 kcal　塩分：0.6g

**材料（1人分）**
- 春菊 ……… 80g
- 食用菊 ……… 1輪
- A
  - だしまたは水 ……… 大さじ½
  - しょうゆ ……… 小さじ½
- すり白ごま ……… 小さじ1

**作り方**

1. 春菊は葉と軸に分ける。沸騰湯に軸を入れ、1分ほどたったら葉を入れて好みのかたさにゆでる。水にとってさまし、軽く絞って3cm長さに切る。
2. 菊は花弁を摘む。酢少量（分量外）を加えた沸騰湯でさっとゆでて水にとり、水けを絞る。
3. ボールに春菊と菊を入れ、混ぜ合わせたAを⅓量加えてあえ、汁けを軽く絞る。残りのAとごまを加えてあえる。

## 汁物 里芋とごぼうのみそ汁　50 kcal　塩分：1.0g

**材料（1人分）**
- 里芋 ……… 小1個（25g）
- ごぼう ……… 30g
- A
  - だし ……… ¾カップ
  - 水 ……… ¼カップ強
- みそ ……… 小さじ1強
- 七味とうがらし（好みで）… 適量

**作り方**

1. 里芋は皮をむいて5mm厚さの輪切りにする。ごぼうは包丁の背で皮をこそげ、斜め薄切りにして水にさらす。
2. なべに1とAを入れて強火にかける。煮立ったら弱火にしてアクを除き、具がやわらかくなったらみそをとき入れる。
3. わんに注ぎ、七味とうがらしをふる。

## 果物 みかん（1個）　41 kcal　塩分：0g

## 主食 胚芽精米ごはん（150g）　251 kcal　塩分：0g

### Arrange Point

- ムツは白身魚の中ではやや脂肪の多い魚です。カレイやタラなどでは、より低エネルギーになります。
- 根菜たっぷりの汁物はよく噛んで食べるようになるうえ、食べごたえも充分です。アクのある野菜なので、アクはていねいに除きましょう。

| 栄養価 | |
|---|---|
| たんぱく質 | 27.6g |
| 脂質 | 16.1g |
| 炭水化物 | 86.5g |
| 塩分 | 2.9g |

| 四群点数 | |
|---|---|
| ♠ 1群 | 0点 |
| ♥ 2群 | 2.4点 |
| ♣ 3群 | 1.4点 |
| ♦ 4群 | 3.8点 |
| 合計 | 7.6点 |

◆ menu 3

ピチピチのアジを丸ごと一尾たっぷりと

# アジの梅干し煮のごはん

おなじみのアジを丸ごとさっぱりと煮つけます。副菜は香ばしいあえ物に
ピリッとしたきんぴら。味のバリエーションも献立のポイントです。

1食分
444
kcal

## PART2 Seafood Recipe

### 主菜 アジの梅干し煮　88 kcal　塩分：1.7g

**材料（1人分）**
- アジ……………1尾（120g）
- A
  - 酒……………大さじ1
  - しょうゆ…小さじ½強
  - 砂糖…………小さじ⅔
  - 水……………½カップ
  - 梅干し（ちぎる）…½個
  - しょうがの薄切り……2枚
- わかめ………もどして20g

**作り方**
1. アジはぜいご、えら、内臓を除く。流水でよく洗い、水けをふく。わかめは一口大に切る。
2. 平なべにAを入れて火にかけ、煮立ったらアジを入れる。落としぶたをして、途中2〜3回煮汁をアジにすくいかけながら、中火で約15分煮る。
3. 身をくずさないよう、そっと持ち上げて器に盛る。残った煮汁でわかめをさっと煮て、アジに添える。

＊途中、煮汁が少ないようであれば、少し水を足す。

### 副菜 ピーマンの焼き浸し　19 kcal　塩分：0.4g

**材料（1人分）**
- ピーマン………………70g
- 焼きのり…………全型¼枚
- A
  - しょうゆ……小さじ½
  - 水……………小さじ1

**作り方**
1. ピーマンは焼き網やグリルで少し焦げ目がつくまで焼き、繊維に沿って細く切る。のりはあぶってポリ袋に入れ、細かくもむ。
2. ピーマンとのりを合わせ、混ぜ合わせたAであえる。

### 副菜 かぼちゃのきんぴら　86 kcal　塩分：0.1g

**材料（1人分）**
- かぼちゃ………………50g
- ごま油……………小さじ1
- A
  - みりん………小さじ½
  - しょうゆ…………数滴
- 一味とうがらし………適量

**作り方**
1. かぼちゃは薄めのいちょう切りにする。
2. フライパンにごま油を熱し、かぼちゃを両面こんがりと焼く。Aを加え、かぼちゃにからめる。
3. 器に盛り、一味とうがらしをふる。

### 主食 胚芽精米ごはん（150g）　251 kcal　塩分：0g

---

**Arrange Point**

- 献立は食品を偏りなく食べられるように考えることもたいせつですが、味の点でもなるべく重ならないように、変化をつけましょう。
- 香辛料のほか、梅干しやのりなどもアクセントづけに便利です。

**栄養価**

| | |
|---|---|
| たんぱく質 | 19.5g |
| 脂質 | 7.5g |
| 炭水化物 | 74.5g |
| 塩分 | 2.2g |

**四群点数**

| | | |
|---|---|---|
| ♠ | 1群 | 0点 |
| ♥ | 2群 | 0.9点 |
| ♣ | 3群 | 0.8点 |
| ♦ | 4群 | 3.8点 |
| | 合計 | 5.5点 |

menu 4

ゆずの風味でひと味違う焼き物に

# サワラの幽庵焼きのごはん

ぱりっと香ばしい焼き魚をゆずの風味で上品に。
副菜はごま味でコクを出したあえ物と、お芋の汁で満足感を。

1食分
**557**
kcal

PART2
Seafood Recipe

## 主菜 サワラの幽庵焼き　159 kcal　塩分：1.3g

材料（1人分）
- サワラ ……… 1切れ（80g）
- A
  - しょうゆ …… 小さじ1強
  - 酒 …………… 小さじ½
  - みりん ……… 小さじ½
  - ゆずの輪切り …… 1枚
- つけ合わせ
  - カリフラワー …… 20g
  - B
    - 酢 ………… 小さじ½
    - 砂糖 ……… 少量

作り方
1. サワラは皮に斜め十文字に包丁目を浅く入れ、Aに1時間以上つける。
2. 熱したグリルに皮を下にして入れ、3～4分焼いて返す。4～5分焼いて軽く焦げ目がついたら、つけ汁をスプーンなどでかけて表面が乾く程度に焼く。
3. カリフラワーは小房に切り分け、酢（分量外）を加えた沸騰湯でゆで、熱いうちに混ぜ合わせたBにつける。

＊グリルのほか、200℃のオーブンやオーブントースターでもよい。

## 副菜 せりのナムル　70 kcal　塩分：0.4g

材料（1人分）
- せり ……………… 100g
- 小ねぎ …………… 5g
- A
  - しょうゆ …… 小さじ½
  - ごま油 ……… 小さじ1
  - 煎り白ごま … 小さじ1弱

作り方
1. せりは沸騰湯でさっとゆで、水にとってさます。水けを絞り、4cm長さに切る。
2. 小ねぎはみじん切りにする。
3. せりとねぎを合わせ、混ぜ合わせたAであえる。

## 汁物 さつま芋とねぎのみそ汁　77 kcal　塩分：1.2g

材料（1人分）
- さつま芋 ………… 40g
- ねぎ ……………… 20g
- だし ……………… 180㎖
- みそ ……… 小さじ1強

作り方
1. さつま芋は5mm厚さの輪切りにし、ねぎは小口切りにする。
2. なべにだしを温め、さつま芋を入れて、やわらかくなるまで6～7分煮る。ねぎを加えて1～2分煮て、みそをとき入れる。

## 主食 胚芽精米ごはん（150g）　251 kcal　塩分：0g

### Arrange Point

- 幽庵焼きは油を使わないので、エネルギーが高くなる心配がありません。サバでもおいしくできます。
- 韓国のあえ物であるナムルの味つけは、いろいろな野菜に応用でき、にらやほうれん草、小松菜、にんじんや大根をせん切りにしたものも美味です。

| 栄養価 | |
|---|---|
| たんぱく質 | 26.3g |
| 脂質 | 14.5g |
| 炭水化物 | 79.1g |
| 塩分 | 2.9g |

| 四群点数 | |
|---|---|
| ♠ 1群 | 0点 |
| ♥ 2群 | 1.8点 |
| ♣ 3群 | 1.0点 |
| ♦ 4群 | 4.1点 |
| 合計 | 6.9点 |

menu *5*

魚介のうま味たっぷりのおなべ

# 寄せなべのごはん

なべ物は、材料次第で一品でも栄養バランスが整います。
副菜を添えるなら、味や食感の変化をつけるとよいでしょう。

1食分
501
kcal

PART2
Seafood Recipe

## 主菜 + 主食 寄せなべ　376 kcal　塩分：2.8g　＊このレシピは2人分です。

**材料（2人分）**
- 生ダラ・生サケ ……… 各60g
- 無頭エビ（殻つき）… 2尾（40g）
- もめん豆腐 ……………… 80g
- 白菜 ……………………… 200g
- 春菊・ねぎ …………… 各50g
- にんじん ………………… 30g
- 生しいたけ ……………… 2枚
- えのきたけ ……………… 40g
- A
  - だし …………… 2 ½ カップ
  - しょうゆ ……… 大さじ ½
  - みりん ………… 大さじ1
  - 塩 ……………… 小さじ ½
- 雑炊
  - 胚芽精米ごはん …… 200g
  - とき卵 …………… 1個分
  - 小ねぎの小口切り … 3本分

**作り方**

① 魚は一口大のそぎ切りにし、エビは背わたを除く。豆腐は1.5cm厚さに切る。

② 白菜は葉と軸に分け、葉はざく切りにし、軸は4cm角のそぎ切りにする。春菊は4cm長さに切り、ねぎは1cm厚さの斜め切りにする。にんじんは3mm厚さの半月切りにする。

③ しいたけは軸を除く。えのきたけは石づきを除き、長さを半分に切ってほぐす。

④ 土なべにAを入れて煮立て、魚介を加えて煮る。再び煮立ったら野菜ときのこ、豆腐を加え、火が通るまで煮る。

**雑炊**
具を食べ終わったら、残った煮汁にごはんを入れてほぐす。煮立ったら卵を流し入れ、小ねぎを散らしてふたをし、火を消す。

## 副菜 さつま芋のレモン煮　125 kcal　塩分：0.2g

**材料（1人分）**
- さつま芋 ……… 皮つきで75g
- 水 ………………… ½ カップ
- 砂糖 …………… 小さじ2強
- A
  - 酒 …………… 小さじ1弱
  - レモン果汁 …… 小さじ ½
  - 塩 ………………… 少量

**作り方**

① さつま芋は皮つきのまま1cm厚さの輪切りにし、水につけてアクを除く。水をきり、沸騰湯で5分ほどゆでる。

② なべの湯を捨て、分量の水を加えて火にかける。煮立ったら砂糖を加え、落としぶたをして15分ほど煮る。

③ さつま芋がやわらかくなったらAを加え、3～5分、煮汁が少し残る程度まで煮る。

### 🍲 Arrange Point

- なべ物は味が単調になりやすいので、味わいの違う副菜があると変化がつきます。
- 副菜には芋のほか、わかめの酢の物など、なべには入らない食材を選べば、栄養バランスの面からも好ましい内容になります。

| 栄養価 | |
|---|---|
| たんぱく質 | 29.5g |
| 脂質 | 6.7g |
| 炭水化物 | 82.7g |
| 塩分 | 3.0g |

| 四群点数 | |
|---|---|
| ♠ 1群 | 0.5点 |
| ♥ 2群 | 1.4点 |
| ♣ 3群 | 1.8点 |
| ♦ 4群 | 2.7点 |
| 合計 | 6.4点 |

menu 6

新鮮なアジをきゅっとしめていただきます

# アジの酢じめのごはん

酢じめは市販の刺身でも。副菜にはがんもどきの入った
ボリュームのある料理を合わせます。

1食分
561
kcal

PART2
Seafood Recipe

## 主菜 アジの酢じめ　66 kcal　塩分：0.7g

**材料（1人分）**
- アジの3枚おろし …………… 1尾分（100g）
- 塩 ………………… ミニスプーン½
- 酢 ………………… 大さじ½
- きゅうり ………………… ¼本（25g）
- 塩水（1％塩分）……… ¼カップ
- みょうが ………………… ½個
- 青じそ ………………… 1枚
- しょうがのすりおろし ……… 適量
- A
  - しょうゆ ………… 小さじ½
  - 酢 ………………… 小さじ¼
  - 砂糖 ………………… 少量

**作り方**
1. アジに塩をふり、皮目を下にして平たいざるに並べ、10～20分おく。
2. バットにアジを並べ、酢をかけて5分ほどおく。酢をきり、小骨があれば骨抜きで抜く。
3. 皮目を上にして置いて頭側の切り口の皮を少しむき、身を押さえながらゆっくりと皮をむき除く。身を斜めに細切りにする。
4. きゅうりは両面に斜めに細かい切り目を⅔の深さまで入れる（蛇腹切り）。塩水に浸してしんなりとさせ、水けを絞って長さを半分に切る。
5. みょうがは芯を除いて縦にせん切りにする。水に放し、水けをきる。
6. みょうが、青じそ、アジ、きゅうりの順に盛り合わせ、しょうがを添える。混ぜ合わせたAをかけて食べる。

## 副菜 がんもどきとなすといんげんの煮物　219 kcal　塩分：1.6g

**材料（1人分）**
- がんもどき ………… 小3個（60g）
- なす ………………… 1本（70g）
- 油 ………………… 大さじ½
- さやいんげん（ゆでる）……… 10g
- だし ………………… ½カップ
- A
  - 砂糖 ………………… 小さじ2強
  - 酒 ………………… 大さじ½
  - しょうゆ ………… 小さじ½
  - 塩 ……………… ミニスプーン½強

**作り方**
1. がんもどきは湯をかけて油抜きをする。
2. なべにだし、がんもどき、Aを入れて火にかけ、静かに煮立っている状態で10～15分煮て火を消す。
3. なすは縦2等分にして皮目に2mm間隔で斜め格子に包丁目を入れる。フライパンに油を熱し、両面をよく焼いてとり出し、湯をかけて油抜きをする。
4. 2になすを加え、ふたをして10～15分煮る。
5. ふたをとり、煮汁を全体にまわしかけながら煮詰め、さやいんげんを加えてさっと煮る。
6. なすとさやいんげんを食べやすい大きさに切り、がんもどきとともに盛る。

## 汁物 せん切り野菜のすまし汁　25 kcal　塩分：1.1g

**材料（1人分）**
- アジの中骨（酢じめで3枚におろしたときのもの）… 1尾分
- 塩 ………………… 少量
- ごぼう ………………… 10g
- じゃが芋 ………………… 10g
- にんじん ………………… 8g
- 三つ葉（2cmの長さに切る）…… 5g
- A
  - 水 ………………… 1カップ
  - こんぶ ………………… 2cm
- 酒 ………………… 大さじ1
- 塩 ……………… ミニスプーン½
- しょうゆ ………………… 少量
- 黒こしょう ………………… 適量

**作り方**
1. アジの中骨は塩をふり、熱した焼き網かグリルであぶるように両面を香ばしく焼く。
2. なべに1とAを入れ、弱火で10分ほど煮る。こし器で濾し、¾カップのだしをとり、なべに戻す。
3. ごぼうはせん切りにして水にさらす。じゃが芋、にんじんはせん切りにし、水に放す。
4. 2に酒と3を加え、火にかけて歯ごたえが残る程度にさっと煮て、塩としょうゆで調味する。わんに注ぎ、三つ葉を散らしてこしょうをふる。

## 主食 胚芽精米ごはん（150g）　251 kcal　塩分：0g

| 栄養価 | たんぱく質 | 26.2g | 脂質 | 18.0g | 四群点数 | ♠1群 | 0点 | ♥2群 | 2.3点 | 合計 6.9点 |
|---|---|---|---|---|---|---|---|---|---|---|
| | 炭水化物 | 73.5g | 塩分 | 3.4g | | ♣3群 | 0.5点 | ♦4群 | 4.1点 | |

menu 7

家庭で楽しむ本格海鮮中華

# イカの五目いためのごはん

香味野菜の香りが食欲をそそる本格中華風のいため物。
イカの代わりにエビ、きのこ類はしめじやエリンギもおすすめです。

1食分
505
kcal

PART 2
Seafood Recipe

## 主菜 イカの五目いため　200 kcal　塩分：1.4g

**材料（1人分）**

- スルメイカ（胴部分）……70g
- 酒……小さじ1
- かたくり粉……適量
- 玉ねぎ……40g
- にんにく……½かけ
- 干ししいたけ…2枚（もどして20g）
- にんじん……20g
- さやえんどう……10g
- 油……小さじ2
- 鶏がらスープ……大さじ2
- A｜しょうゆ・酒…各小さじ½
- 　｜塩……少量
- かたくり粉……小さじ¼
- 水……小さじ½

**作り方**

1. イカは裏側に斜め格子状に細かく切り込みを入れ、4cm角のひし形に切る。酒をふり、5分ほどおく。
2. 玉ねぎはくし型に切り、にんにくはたたいてつぶす。干ししいたけは2～3個にそぎ切りにする。にんじんは短冊切りにし、さやえんどうは筋をとり、それぞれさっとゆでる。
3. イカはかたくり粉を薄くまぶし、沸騰湯でさっとゆでる。切り込みが開いたら水にとってさまし、水けをふく。
4. フライパンに油を熱し、にんにくと玉ねぎをいためる。油が全体にまわったら、にんじんと干ししいたけを加え、いため合わせる。
5. 鶏がらスープとA、イカを加え、煮立ったら水ときかたくり粉でとろみをつけ、さやえんどうを加えて全体を混ぜる。

## 副菜 青梗菜のお浸し　24 kcal　塩分：1.0g

**材料（1人分）**

- 青梗菜……100g
- A｜しょうゆ……小さじ1
- 　｜だしまたは水……小さじ2
- 削りガツオ……3g

**作り方**

1. 青梗菜は根元を少し削り、縦に4つに切る。沸騰湯で2～3分ゆでて水にとり、水けを絞って4cm長さに切る。
2. 混ぜ合わせたAで青梗菜をあえ、削りガツオを加えてあえ混ぜる。

## 汁物 大根と干しエビのスープ　30 kcal　塩分：0.7g

**材料（1人分）**

- 大根……40g
- ねぎ……10g
- 干しエビ……3g
- ぬるま湯……大さじ½
- 鶏がらスープ……1カップ
- A｜酒……小さじ1
- 　｜しょうゆ……数滴
- 　｜しょうが汁……少量
- こしょう……適量
- ラー油……小さじ¼

**作り方**

1. 大根は5mm厚さのいちょう切りにし、ねぎは小口切りにする。
2. 干しエビはぬるま湯につけてもどし、刻む（もどし汁はとっておく）。
3. なべに鶏がらスープを温め、大根と干しエビ、干しエビのもどし汁を加え、10分ほど煮る。大根がやわらかくなったらねぎとAを加え、ひと煮立てして火を消す。こしょうをふり、ラー油をたらす。

## 主食 胚芽精米ごはん（150g）　251 kcal　塩分：0g

| 栄養価 | たんぱく質 | 24.2g | 脂質 | 11.3g | 四群点数 | ♠1群 | 0点 | ♥2群 | 1.0点 | 合計 6.4点 |
|---|---|---|---|---|---|---|---|---|---|---|
| | 炭水化物 | 76.8g | 塩分 | 3.1g | | ♣3群 | 0.7点 | ♦4群 | 4.7点 | |

45

menu 8

甘辛みそをとろりとからめて
# サバのみそ煮のごはん

甘辛みそがからんだサバは、とろけるおいしさ。
さっぱりとしたおろしあえがよく合います。

1食分
575
kcal

PART 2
Seafood Recipe

## 主菜 サバのみそ煮  210 kcal  塩分：1.8g

材料（1人分）
- サバ ……………… 1切れ（80g）
- しょうが ……………… ½かけ
- A │ 酒 ………… 大さじ1½
  │ 砂糖 ………… 小さじ2
- ［水 …………… ½カップ弱
  ［赤みそ ……… 大さじ½強

＊途中、煮汁が少ないようであれば、少し水を足す。

作り方
1. しょうがは皮をむいて周囲を切り落とし、立方体にする（切り落としは煮汁に使う）。ごく細いせん切りにし、水に放して水けをふく。
2. なべにAとしょうがの切り落とし、水でといたみそを加え、火にかける。
3. 煮汁が温まったら、サバを皮を上にして入れる。煮汁をすくってサバに2～3回まわしかけ、落としぶたをして10～12分煮る。
4. サバを器に盛り、残った煮汁にとろみがつくまで煮詰める。サバに煮汁をかけ、しょうがを天盛りにする。

## 副菜 ささ身ときゅうりのおろしあえ  44 kcal  塩分：0.6g

材料（1人分）
- ［鶏のささ身 … ½本（15g）
- ［酒 …………… 小さじ½
- ［きゅうり …… ¼本（25g）
- ［塩 …………… 少量
- 大根 ……………… 100g
- A │ 酢 ………… 小さじ½強
  │ 砂糖 ………… 小さじ½
  │ 塩 … ミニスプーン½弱

作り方
1. ささ身は耐熱皿にのせて酒をふる。ラップをかけて電子レンジ（500W）で1分30秒加熱し、そのままさます。
2. きゅうりは縦半分に切って斜め薄切りにし、塩をふる。
3. 大根は皮をむいてすりおろし、ざるにあげて水けをきる。Aと合わせて混ぜる。
4. ささ身を手で細かく裂き、よく水けを絞ったきゅうり、3と合わせて全体を混ぜ合わせ、冷蔵庫で冷やす。

## 汁物 けんちん汁  70 kcal  塩分：0.9g

材料（1人分）
- 大根 ……………… 25g
- にんじん …………… 15g
- ごぼう ……………… 10g
- 里芋 ……………… 15g
- もめん豆腐 ………… 25g
- ねぎ ……………… 10g
- 油 …………… 小さじ½
- だし …………… 1カップ
- A │ しょうゆ … 小さじ⅓
  │ 塩 … ミニスプーン½弱
- 七味とうがらし ……… 適量

作り方
1. 大根とにんじんは皮をむき、大根は5mm厚さのいちょう切り、にんじんは3mm厚さの半月切りにする。ごぼうは皮をよく洗い、3mm厚さの斜め切りにして水にさらす。
2. 里芋は皮をむいて5mm厚さの半月切りに、ねぎは小口切りにする。
3. なべに油を熱し、1をいためる。油がまわったら豆腐を手でくずしながら加え、さらにいためる。
4. だしを加え、煮立ったらアクを除く。ふたをして弱火で10分ほど煮る。
5. 里芋を加えて10分ほど煮、ねぎとAを加え、ひと煮立てして火を消す。
6. わんに注ぎ、七味とうがらしをふる。

## 主食 胚芽精米ごはん（150g）  251 kcal  塩分：0g

| 栄養価 | たんぱく質 | 29.5g | 脂質 | 14.5g | 四群点数 | ♠1群 | 0点 | ♥2群 | 2.4点 | 合計 |
|---|---|---|---|---|---|---|---|---|---|---|
| | 炭水化物 | 78.8g | 塩分 | 3.3g | | ♣3群 | 0.7点 | ♦4群 | 4.1点 | 7.2点 |

47

健康美人になる！

column
## 女子栄養大学がおすすめする食べ方
②

### 夕食が遅くなるときは分食を

夕食は夜8時までにとりたいところですが、残業などで遅くなってしまう人も多いでしょう。そんなときにおすすめしたいのが分食です。

分食とは、夕食を2回に分けてとる方法です。夕方におにぎりやフルーツなどの軽食を食べ、家に帰ってからの夕食は、ごはんは軽く（目安は100ｇ）、おかずも野菜が多めでエネルギーを控えたものにします。具だくさんのうどんなどもおすすめです。夕方に軽食を食べておくことで、夕食の食べすぎを防ぐことができます。

軽食も1食のうちですから、炭水化物にばかりに偏らず、乳製品を食べていないならヨーグルトやチーズを選ぶなど、できるだけ自分に不足している食品を食べるようにしましょう。

### 遅い夕食には、無理のない範囲で家族の食事をアレンジ

家族で生活をしていると、年齢もさまざまで、ライフスタイルも一つではありません。でも遅い夕食をとる家族のために、特別の夕食を用意するのはたいへんです。

そこで、みんなの夕食を基本にして、ちょっとしたアレンジを加えるくふうを。たとえば、副菜は家族と同じ量にして、具だくさんの汁物に、少量のごはんを加えて雑炊にするとボリュームがアップし、エネルギーが低くても満足のいく夕食になります。

食事スタイルも家族によってあわせよう

**軽食におすすめの食材**

・みかん　・バナナ　・ヨーグルト
・おにぎり　・チーズ
・ゆでたまご　・クラッカーなど

PART 3
Soy & Egg Recipe

# 大豆製品・卵が主菜の献立

良質たんぱく質が豊富な大豆製品や卵も、肉や魚と同じく献立の中心になる食品です。低エネルギーで調理も手軽。ぜひ積極的にとり入れてください。

## contents

- menu 1 ▶ 豆腐の五目あんかけのごはん …… 50
- menu 2 ▶ 麻婆豆腐のごはん …………… 52
- menu 3 ▶ 肉豆腐のごはん ……………… 54
- menu 4 ▶ ゴーヤーチャンプルーのごはん … 56
- menu 5 ▶ 厚揚げのみそいためのごはん … 58
- menu 6 ▶ カニ玉のごはん ……………… 60
- menu 7 ▶ 袋卵のごはん ………………… 62
- menu 8 ▶ スペイン風オムレツのごはん … 64

menu 1

野菜たっぷり、あつあつのあんかけ豆腐

# 豆腐の五目あんかけのごはん

口当たりのよい絹ごし豆腐となめらかな五目あんは好相性。
副菜のきのこは、コクのあるみそバター味。

1食分
588
kcal

PART 3
Soy & Egg Recipe

## 主菜 豆腐の五目あんかけ　140 kcal　塩分：1.2g

**材料（1人分）**
- 絹ごし豆腐……100g
- 鶏ささ身……40g
- にんじん……15g
- ねぎ……15g
- 三つ葉……5g
- ぎんなん（ゆで）……2個
- だし……½カップ
- A
  - みりん……大さじ½
  - しょうゆ……小さじ½
  - 塩……ミニスプーン½
- [ かたくり粉……小さじ1
-   だし……大さじ½ ]
- おろししょうが……適量

**作り方**
1. ささ身は筋を除いて包丁で細かくたたき、ボールに入れる。
2. にんじんはせん切りにし、ねぎは斜め薄切りにする。三つ葉は4cm長さに切る。
3. なべにだしとにんじんを入れて煮立て、ねぎを加える。だしをすくって1にかけ、菜箸でほぐしてなべに加える。
4. 煮立ったらアクを除き、Aで調味する。かたくり粉をだしでといて加え、ぎんなん、三つ葉を加える。全体を混ぜながらひと煮立ちさせて、とろみをつける。
5. 豆腐はペーパータオルを敷いた耐熱皿にのせてラップをかける。電子レンジ（500W）で1～2分加熱し、水けをきって器に盛る。4をかけ、しょうがを天盛にする。

## 副菜 きのこのみそバターホイル焼き　81 kcal　塩分：0.9g

**材料（1人分）**
- 好みのきのこ（生しいたけ、えのきたけ、しめじ類など）……合わせて100g
- 玉ねぎ……25g
- みそ……小さじ1強
- バター（小さく切る）……5g
- 粉ざんしょう……適量
- 小ねぎの小口切り……適量
- レモン……適量

**作り方**
1. きのこは石づきを除き、食べやすい大きさに切る。玉ねぎは繊維に直角に薄切りにする。
2. アルミホイル（25cm角）を広げ、きのこを置き、みそとバターを全体に散らし、玉ねぎをのせる。
3. 粉ざんしょうをふってアルミホイルでふんわりと包み、口をきっちりと閉じる。オーブントースターに入れ、15分ほど蒸し焼きにする。
4. ホイルを開いてよく混ぜ合わせ、小ねぎを散らし、レモンを搾る。

## 副菜 さつま芋とプルーンのレモン煮　116 kcal　塩分：0.3g

**材料（1人分）**
- さつま芋……60g
- ドライプルーン……2個（10g）
- 砂糖……小さじ1強
- 塩……少量
- レモン果汁……少量

**作り方**
1. さつま芋は皮を厚めにむき、大きめのさいの目切りにし、水にさらしてアクを抜く。
2. なべに1を入れ、水をひたひたに加えて火にかけ、やわらかくゆでる。砂糖を加え、さらにやわらかく煮る。
3. 塩、レモン果汁、プルーンを加え、煮詰めて煮汁をとばす。

## 主食 胚芽精米ごはん（150g）　251 kcal　塩分：0g

| 栄養価 | たんぱく質 | 24.2g | 脂質 | 9.2g | 四群点数 | ♠1群 | 0点 | ♥2群 | 1.2点 | 合計 7.3点 |
|---|---|---|---|---|---|---|---|---|---|---|
| | 炭水化物 | 106.7g | 塩分 | 2.4g | | ♣3群 | 1.8点 | ♦4群 | 4.3点 | |

menu 2

さんしょうの香り高い本格麻婆豆腐

# 麻婆豆腐のごはん

豆腐料理の代表選手。辛味とコクでごはんが進みます。
野菜が少量しか入らないので、副菜と汁で補いましょう。

1食分
**538**
kcal

## PART 3 Soy & Egg Recipe

### 主菜 麻婆豆腐  214 kcal  塩分：1.9g

**材料（1人分）**
- もめん豆腐……………100g
- 豚ひき肉………………20g
- ねぎ……………………3cm
- にんにく……………1かけ
- しょうがの薄切り……2枚
- 油…………………大さじ½
- 豆板醤（とうばんじゃん）…………小さじ⅓
- A
  - 鶏がらスープ………70ml
  - 赤みそ………大さじ½強
  - 砂糖……………小さじ⅓
- ［かたくり粉………小さじ1
  水…………………小さじ2］
- 粉ざんしょう…………適量

**作り方**
1. 豆腐は1.5cmの角切りにし、ペーパータオルで包んで電子レンジ（500W）に1分かけ、水けをきる。
2. ねぎ、にんにく、しょうがはみじん切りにし、Aはよく混ぜ合わせる。水ときかたくり粉を用意する。
3. フライパンに油を熱し、ねぎ、にんにく、しょうがを入れてさっといためる。ひき肉を加えて色が変わるまでいため、豆板醤を加えてさらにいためる。豆腐を加えてくずさないように混ぜ合わせる。
4. Aを加え混ぜ、2～3分煮て水ときかたくり粉でとろみをつける。煮立ったら火を消し、粉ざんしょうをふる。

### 副菜 にらのお浸し  16 kcal  塩分：0.5g

**材料（1人分）**
- にら………………………50g
- A
  - しょうゆ………小さじ½
  - だしまたは水………大さじ1
- すり白ごま……………少量

**作り方**
1. にらは沸騰湯でさっとゆでる。ざるなどに広げてさまし、水けを絞って3cm長さに切る。
2. 混ぜ合わせたAをにらに小さじ1かけてあえ、汁けを絞る。
3. Aの残りとごまを混ぜ合わせ、にらをあえる。

### 汁物 かぼちゃとれんこんのみそ汁  57 kcal  塩分：1.1g

**材料（1人分）**
- かぼちゃ………………20g
- れんこん………………30g
- ねぎ………………………5g
- だし…………………1カップ
- みそ……………小さじ1強

**作り方**
1. かぼちゃは5mm厚さのいちょう切りにし、れんこんは4mm厚さの半月切りにする。ねぎは小口切りにする。
2. なべにだしを温め、かぼちゃとれんこんを入れてやわらかくなるまで6～7分煮る。
3. ねぎを加え、みそをとき入れる。

### 主食 胚芽精米ごはん（150g）  251 kcal  塩分：0g

**Arrange Point**
- 粉ざんしょうを一味とうがらしにすると、辛味が倍増します。反対に豆板醤を入れないとやさしい味に。
- 食物繊維が豊富な根菜類は汁の実に入れやすい食材です。実だくさんの汁物として積極的に利用してください。

| 栄養価 | |
|---|---|
| たんぱく質 | 19.9g |
| 脂質 | 15.7g |
| 炭水化物 | 77.7g |
| 塩分 | 3.5g |

| 四群点数 | | |
|---|---|---|
| ♠ | 1群 | 0点 |
| ♥ | 2群 | 1.5点 |
| ♣ | 3群 | 0.7点 |
| ♦ | 4群 | 4.5点 |
| | 合計 | 6.7点 |

menu 3

やわらかな豆腐の甘みを楽しむおかず
# 肉豆腐のごはん

肉のうま味を吸った豆腐がおいしい主菜。
やわらかい味なので、コクのあるあえ物を組み合わせます。

1食分
**557**
kcal

PART 3
Soy & Egg Recipe

## 主菜 肉豆腐　202 kcal　塩分：1.5g

**材料（1人分）**
- 絹ごし豆腐……………70g
- 豚ロース薄切り肉……30g
- 玉ねぎ…………………30g
- にんじん………………15g
- さやえんどう……………5g
- にんにく………………1かけ
- 油………………………小さじ1
- A
  - だし……………………½カップ
  - 酒………………………大さじ1
  - しょうゆ………………大さじ½
  - 砂糖……………………小さじ1

**作り方**
1. 豚肉は一口大に切る。玉ねぎは繊維に直角に5㎜厚さに切り、にんじんは薄めの短冊切りにする。さやえんどうは筋をとり、にんにくはたたいてつぶす。
2. 大きめのなべに油とにんにくを入れて薄く色づくまでいため、油に香りをつける。豚肉、にんじん、玉ねぎ、さやえんどうの順に加えてはいため、全体に油がまわってしんなりしたら、Aを加えて3～4分煮る。
3. 豆腐を玉じゃくしで一口大ずつすくってなべに加え、さっと煮る。

## 副菜 さやいんげんのピーナッツあえ　95 kcal　塩分：0.9g

**材料（1人分）**
- さやいんげん…………70g
- A
  - ピーナッツバター……10g
  - 砂糖……………………小さじ1
  - しょうゆ………………小さじ1弱

**作り方**
1. さやいんげんは筋をとる。塩小さじ1（分量外）をまぶして沸騰湯で4～5分ゆで、水にとる。さめたら5㎝長さに切る。
2. Aを混ぜ合わせ、さやいんげんをあえる。

## 副菜 かぶの即席漬け　9 kcal　塩分：0.6g

**材料（1人分）**
- かぶ……………………30g
- かぶの葉………………10g
- 塩………………ミニスプーン1弱
- しょうゆ…………………数滴

**作り方**
1. かぶは皮をむいて薄いいちょう切りにする。かぶの葉は1㎝長さに切って沸騰湯でさっとゆで、水にとってさまし、水けを絞る。
2. かぶと葉を合わせて塩をふる。軽くもみ、しんなりするまで20～30分おく。
3. 水で洗い、水けを絞る。しょうゆをたらして混ぜる。

## 主食 胚芽精米ごはん（150g）　251 kcal　塩分：0g

### Arrange Point
- 豚肉はももやバラ肉でも。玉ねぎの代わりにねぎでもおいしくできます。
- ピーナッツバターはごまあえの衣のように利用できます。砂糖の入っていないものを使いましょう。野菜は青菜や、ゆでたにんじんなどでも。

| 栄養価 | |
|---|---|
| たんぱく質 | 19.9g |
| 脂質 | 18.0g |
| 炭水化物 | 77.5g |
| 塩分 | 3.0g |

| 四群点数 | |
|---|---|
| ♠ 1群 | 0点 |
| ♥ 2群 | 1.5点 |
| ♣ 3群 | 0.6点 |
| ♦ 4群 | 5.0点 |
| 合計 | 7.1点 |

menu 4

野菜たっぷり風味豊かな沖縄料理

# ゴーヤーチャンプルーのごはん

チャンプルーは多種類の食品を使ったバランスのよいおかず。
副菜はシンプルにして、献立にメリハリをつけます。

1食分
546
kcal

PART 3
Soy & Egg Recipe

## 主菜 ゴーヤーチャンプルー　212 kcal　塩分：1.2g

材料（1人分）
- もめん豆腐……………75g
- ゴーヤー……………¼本（25g）
- 豚もも薄切り肉………25g
- にら……………………20g
- もやし…………………20g
- とき卵………………½個分
- 油……………………小さじ1弱
- A ┃ 酒………………小さじ1
  ┃ しょうゆ………小さじ1弱
  ┃ 砂糖……………小さじ½
  ┃ 塩………………少量
- ごま油………………小さじ¼
- 削りガツオ……………適量

作り方
1. 豆腐は手で2つに割ってペーパータオルを敷いた耐熱皿にのせ、ラップはかけずに電子レンジ（500W）で3分加熱し、水けをきる。
2. ゴーヤーは縦半分に切って種とわたを除き、2mm厚さの薄切りにする。沸騰湯で歯ごたえが残る程度にゆで、水につけてさまし、水けをきる。
3. 豚肉とにらは3cm長さに切る。
4. 油を熱したフライパンで豚肉をいため、肉の色が変わったらゴーヤー、にら、もやしを加えていためる。しんなりとなったら豆腐を大きめにちぎって加え、全体をさっといため合わせる。
5. Aで調味し、卵をまわし入れて大きく混ぜる。卵が半熟状になったらごま油を加え、さっと混ぜる。
6. 器に盛り、削りガツオをのせる。

## 副菜 長芋の酢じょうゆかけ　54 kcal　塩分：0.5g

材料（1人分）
- 長芋……………………75g
- しょうゆ……………小さじ½
- 酢……………………小さじ⅓
- 練りがらし……………少量
- 青のり粉……………小さじ¼

作り方
1. 長芋は皮をむいてキッチンペーパーでぬめりをふく。4cm長さのせん切りにし、器に盛って冷蔵庫で冷やす。
2. 小さいボールにからしを入れ、しょうゆを少しずつ加えてとき混ぜ、酢を加えて混ぜる。
3. 1に2をかけ、青のりをふる。

## 汁物 とうがんとみょうがのみそ汁　29 kcal　塩分：1.3g

材料（1人分）
- とうがん………………50g
- みょうがの小口切り……10g
- だし………………¾カップ
- みそ………………大さじ½

作り方
1. とうがんは種とわたを除き、皮を厚めにむいて3mm厚さに切る。みょうがは水に放してアクを抜き、水けをきる。
2. なべにだしを温め、とうがんを加えてやわらかくなるまで8～10分煮る。
3. みそをとき入れてみょうがを加え、ひと煮立ちする。

## 主食 胚芽精米ごはん（150g）　251 kcal　塩分：0g

| 栄養価 | たんぱく質 | 23.1g | 脂質 | 15.7g | 四群点数 | ♠ 1群 0.5点 | ♥ 2群 1.3点 | 合計 6.8点 |
|---|---|---|---|---|---|---|---|---|
| | 炭水化物 | 76.2g | 塩分 | 3.0g | | ♣ 3群 0.9点 | ♦ 4群 4.1点 | |

## menu 5

とうがらしの辛味があとを引くおいしさ

# 厚揚げのみそいためのごはん

みそ味のいため物に、さわやかなあえ物とやさしい味の
スープをプラス。甘酢あえは大根やかぶでもよく合います。

1食分
588
kcal

PART3
Soy & Egg Recipe

## 主菜 厚揚げのみそいため　244 kcal　塩分：1.3g

**材料（1人分）**
- 厚揚げ……………………70g
- 豚バラ薄切り肉……………10g
- ゆで竹の子………………20g
- ピーマン…………………20g
- ねぎ………………………20g
- にんにく…………………½かけ
- 赤とうがらし……………½本
- 油…………………………大さじ½
- A
  - 赤みそ……………大さじ½強
  - 砂糖………………小さじ⅓
  - 酒…………………小さじ1

**作り方**
1. 厚揚げは1cm厚さに切り、豚肉は3cm幅に切る。ゆで竹の子は薄切りにし、ピーマンは大きめの乱切りにする。ねぎは斜め薄切りにする。
2. にんにくはあらく刻み、とうがらしは2つに切って種を除く。Aはよく混ぜ合わせておく。
3. フライパンに油を熱し、ねぎ、にんにく、とうがらしを入れていためる。豚肉を加えていため、肉の色が変わったら竹の子とピーマンを加えてさらにいためる。
4. 厚揚げとAを加え、全体をいため合わせる。

## 副菜 二十日大根とセロリとわかめの甘酢あえ　16 kcal　塩分：0.7g

**材料（1人分）**
- 二十日大根………………20g
- セロリ……………………30g
- わかめ………もどして20g
- A
  - レモン汁…………小さじ1
  - 砂糖………………小さじ⅓
  - 塩……ミニスプーン½弱

**作り方**
1. 二十日大根は薄切りにする。セロリは筋をとり、斜め薄切りにする。
2. わかめは沸騰湯でさっとゆで、水にとってさます。水けをきって3cm長さに切る。
3. 1、2を合わせ、混ぜ合わせたAであえる。

## 汁物 春雨スープ　77 kcal　塩分：1.0g

**材料（1人分）**
- ねぎ………………………10g
- にんじん…………………10g
- 春雨………………………8g
- とき卵……………………¼個分
- ごま油……………………小さじ½
- 鶏がらスープ……………1カップ
- しょうゆ…………………小さじ½
- かたくり粉………小さじ½
- 水…………………小さじ1
- こしょう…………………少量

**作り方**
1. ねぎとにんじんはやや太めのせん切りにする。春雨は、はさみなどで4cm長さに切る。
2. なべにごま油を熱し、ねぎとにんじんをいため、鶏がらスープと春雨を加える。煮立ったら火を弱め、春雨が完全にもどるまで3～4分煮る。
3. しょうゆで調味し、水ときかたくり粉でとろみをつける。再び煮立ったら卵を流し入れ、火を消してこしょうをふる。

## 主食 胚芽精米ごはん（150g）　251 kcal　塩分：0g

| 栄養価 | たんぱく質 | 18.2g | 脂質 | 22.2g | 四群点数 | ♠1群 | 0.2点 | ♥2群 | 1.8点 | 合計 7.4点 |
|---|---|---|---|---|---|---|---|---|---|---|
| | 炭水化物 | 77.8g | 塩分 | 3.0g | | ♣3群 | 0.9点 | ♦4群 | 4.5点 | |

menu 6

**みんな大好きふわふわのカニ玉**

# カニ玉のごはん

濃厚なあんをかけた中華風の主菜には、うす味のお浸しと、
ピリッと辛い即席漬けで目先を変えました。

1食分
564
kcal

PART 3
Soy & Egg Recipe

## 主菜 カニ玉  $265$ kcal　塩分：1.7g

＊写真は4人分を切り分けたもの。1人分では、丸形に整えます。

**材料（1人分）**
- とき卵 …… 1½個分（70g）
- 塩 …………………… ごく少量
- カニ（缶詰めもしくは冷凍） ………………………… 30g
- 酒 ……………………… 小さじ1
- ねぎ …………………… 10g
- グリンピース（生もしくは冷凍） ………………………… 10g
- 油 …………………… 大さじ1
- A ┃ 鶏がらスープ …… ¼カップ
  ┃ 砂糖 …………… 小さじ⅔
  ┃ しょうゆ ……… 小さじ½
- かたくり粉 ……… 小さじ¼
- 水 ………………… 小さじ2
- 酢 ………………… 小さじ½
- しょうが汁 ……………… 少量

**作り方**
1. カニは軟骨を除いてほぐし、酒をふる。ねぎはあらいみじん切りにする。
2. 卵は塩と1、グリンピースを加えて混ぜる。
3. フライパンに油を熱し、薄く煙が立ったら2を一気に流し入れる。大きく混ぜながら焼き、半熟状になったら周囲を少し内側に折って、丸く形を整える。焼き色がついたら裏返してさっと焼き、完全に火が通る前に器にとる。
4. 小なべにAを煮立て、水ときかたくり粉を加えてとろみをつける。酢としょうが汁を加え混ぜ、3にかける。

## 副菜 小松菜の煮浸し  $28$ kcal　塩分：0.8g

**材料（1人分）**
- 小松菜 ………………… 100g
- ちりめんじゃこ ………… 5g
- だし ………………… 80㎖
- しょうゆ ……… 小さじ½

**作り方**
1. 小松菜は4cm長さに切る。
2. なべにだしとしょうゆ、ちりめんじゃこを入れて煮立てる。
3. 小松菜を加え、箸で混ぜながら2～3分煮る。

## 副菜 きゅうりの辛味漬け  $20$ kcal　塩分：0.4g

**材料（1人分）**
- きゅうり ……………… 80g
- A ┃ 酢 ………… 小さじ1弱
  ┃ しょうゆ …… 小さじ½
  ┃ 砂糖 ………… 小さじ½
- 一味とうがらし ……… 適量

**作り方**
1. きゅうりは包丁の腹などでたたいて亀裂を入れ、3cm長さに切る。
2. Aを混ぜ合わせ、きゅうりを30分ほど漬ける。
3. 器に盛り、とうがらしをふる。

## 主食 胚芽精米ごはん（150g）  $251$ kcal　塩分：0g

### Arrange Point
- カニ玉は形が整っていなくてもだいじょうぶ。ふんわり半熟状に仕上げましょう。カニのほか、エビやひき肉でもおいしくできます。
- 煮浸しのちりめんじゃこは桜エビでもよく、さくっとした食感が楽しい一品に。
- 辛味漬けは、ラー油やごま油をたらしても。

| 栄養素 | |
|---|---|
| たんぱく質 | 23.6g |
| 脂質 | 20.8g |
| 炭水化物 | 67.8g |
| 塩分 | 2.9g |

| 四群点数 | |
|---|---|
| ♠ 1群 | 1.3点 |
| ♥ 2群 | 0.4点 |
| ♣ 3群 | 0.4点 |
| ♦ 4群 | 4.7点 |
| 合計 | 6.8点 |

menu 7

甘い汁を含んだふっくら油揚げと卵がたまらない

# 袋卵のごはん

体の温まる煮物を主菜に、野菜のいため物でビタミンをプラス。
芋も1日1回はとり入れたい食品です。

1食分
**551**
kcal

PART3
Soy & Egg Recipe

## 主菜 袋卵　157 kcal　塩分：1.2g

**材料（1人分）**
- 卵……………………1個（50g）
- 油揚げ（長さを半分にしたもの）……………½枚
- 春菊（軸を除く）………30g
- A｜ だし………½カップ
　　砂糖………小さじ1⅔
　　しょうゆ……小さじ1

**作り方**
1. 卵はボールに割り入れる。
2. 油揚げは沸騰湯でさっとゆで、破らないように袋状に開く。コップなどに入れて開いた状態を保ち、袋の中に卵を流し入れ、袋の口をつまようじでとめる。
3. 小なべにAを煮立て、2を入れる。煮立ったら火を弱め、10〜15分煮て器に盛る。
4. 残った煮汁で春菊をさっと煮て、袋卵に添える。

## 副菜 きくらげ入り野菜いため　68 kcal　塩分：1.4g

**材料（1人分）**
- きくらげ……6個（もどして20g）
- もやし…………………50g
- 小松菜…………………20g
- にんじん………………10g
- 油………………小さじ1
- A｜ 塩……ミニスプーン½
　　しょうゆ……小さじ1弱
- 煎り白ごま………小さじ½

**作り方**
1. きくらげは沸騰湯でさっとゆで、かたいところは除いてせん切りにする。
2. もやしは洗い、水けをよくふく。小松菜は4cm長さに切り、にんじんは同じ長さのせん切りにする。
3. フライパンに油を熱し、にんじんをいため、しんなりしてきたら小松菜ともやしを加えてさらにいためる。
4. きくらげを加え混ぜてAで調味し、全体をいため合わせる。ごまをふり、ひと混ぜして火を消す。

## 副菜 さつま芋のバター焼き　75 kcal　塩分：0.1g

**材料（1人分）**
- さつま芋………………40g
- バター……………………3g
- シナモン………………適量

**作り方**
1. さつま芋は1cm厚さの輪切りにし、電子レンジ（500W）で1〜2分加熱してやわらかくする。
2. フライパンにバターをとかし、さつま芋を両面こんがりと焼く。
3. 器に盛り、シナモンをふる。

## 主食 胚芽精米ごはん（150g）　251 kcal　塩分：0g

### Arrange Point
- 袋卵は、刻んだにんじんやねぎ、しらたきなどの具材を入れるとより豊かな味わいに。
- きくらげは食物繊維の宝庫。ひじきにしてもよいでしょう。
- バター焼きは蒸したてにバターをのせてもおいしいですが、焼くことでより香ばしくなります。

| 栄養価 | |
|---|---|
| たんぱく質 | 17.2g |
| 脂質 | 17.9g |
| 炭水化物 | 80.4g |
| 塩分 | 2.7g |

| 四群点数 | | |
|---|---|---|
| ♠ 1群 | 1.0 | 点 |
| ♥ 2群 | 0.6 | 点 |
| ♣ 3群 | 1.1 | 点 |
| ♦ 4群 | 4.4 | 点 |
| 合計 | 7.1 | 点 |

menu 8

彩り鮮やかな具だくさんメニュー

# スペイン風オムレツのごはん

具がたくさん入った華やかなオムレツです。
塩分が気になる方は、パンをごはんに代えましょう。

1食分
513
kcal

PART 3
Soy & Egg Recipe

## 主菜 スペイン風オムレツ　*211* kcal　塩分：0.7g

＊写真は4人分を切り分けたもの。1人分では、丸形に整えます。

材料（1人分）
- 卵 …………………… 1個（50g）
- A ｜ 牛乳または水 ….. 大さじ½
  ｜ 塩 ………………… ごく少量
  ｜ こしょう ………… 少量
- じゃが芋 ………………… 40g
- トマト …………………… 20g
- ピーマン ………………… 15g
- にんにく ……………… 1かけ
- コーン缶詰め（ホールタイプ）‥10g
- 油 ……………………… 小さじ2
- トマトケチャップ …… 小さじ1

作り方
1. 卵はときほぐし、Aを加えてよく混ぜる。
2. じゃが芋はやわらかくゆでて1cm角に切る。トマト、ピーマン、にんにくは、あらいみじん切りにする。コーンは水けをきる。
3. 1と2を混ぜ合わせる。
4. フライパンに油を熱し、3を一気に流し入れ、全体を混ぜながら焼く。半熟状になったら形を整え、裏返す。焦げ色がついたら皿にとり、ケチャップをかける。

## 副菜 パプリカのマリネ　*38* kcal　塩分：1.0g

材料（1人分）
- パプリカ赤・黄・オレンジ ……………… 各30g
- オリーブ油 ……………… 小さじ⅓
- 塩 …………… ミニスプーン1弱
- こしょう ………………… 少量

作り方
1. パプリカは皮面に手でオリーブ油を塗る。オーブントースターで皮を真っ黒に焼き、水にとって皮をむく。
2. よく水けをきり、1cm幅に手で裂いて器に盛り、塩、こしょうをふる。

＊220℃のオーブンやグリルでもよい。

## 汁物 野菜ミルクスープ　*124* kcal　塩分：0.7g

材料（1人分）
- キャベツ ………………… 50g
- 玉ねぎ …………………… 20g
- セロリ …………………… 10g
- ベーコン …………………… 5g
- 油 ……………………… 小さじ1弱
- ブイヨンスープ ……… ¾カップ
- A ｜ 牛乳 …………………… 70㎖
  ｜ 塩 ………………………… 少量
  ｜ こしょう ………………… 少量

作り方
1. キャベツ、玉ねぎ、セロリはせん切りにし、ベーコンは細く切る。
2. なべに油を熱し、ベーコンを入れてさっといため、野菜を加えてさらにいためる。
3. 野菜がしんなりしてきたらスープを加え、煮立ったら火を弱めて10～15分煮る。
4. Aを加え混ぜ、ひと煮立ちする。

## 主食 フランスパン（50g）　*140* kcal　塩分：0.8g

### Arrange Point

- スペイン風オムレツはじゃが芋が入るのが定番ですが、具は卵に合いそうなものなら何でも。赤や緑の野菜が入ると切り口が華やかです。
- スープは玉ねぎとセロリを一緒に加えると深い味わいになります。にんじんやかぶ、グリンピースを加えてもおいしい。

| 栄養価 | | 四群点数 | |
|---|---|---|---|
| たんぱく質 | 17.5g | ♠ 1群 | 1.7点 |
| 脂質 | 24.2g | ♥ 2群 | 0.3点 |
| 炭水化物 | 56.9g | ♣ 3群 | 1.4点 |
| | | ♦ 4群 | 3.4点 |
| 塩分 | 3.2g | 合計 | 6.8点 |

> 健康美人になる！

## column
## 女子栄養大学がおすすめする食べ方

③

### お菓子を食べたい！そんなとき気をつけることは？

　甘いデザートやお菓子は生活の楽しみの一つではありますが、ポテトチップスを1袋開けて、ついつい際限なく食べてしまうなんていうことは避けたいもの。

　お菓子などの嗜好品には多くの砂糖や油脂が含まれているので、食べすぎると肥満や糖尿病、脂質異常症の原因となります。

　デザートやお菓子を食べるときには量をとりすぎないことがいちばんたいせつです。好きなお菓子のエネルギー量を知って、1日に100kcalを目安に食べるようにしましょう。おすすめは、ヨーグルトなどの乳製品や果物、芋類などです。

### お酒が飲みたい！そんなときは？

　アルコール飲料にはストレスを解消する効果があるといわれますが、栄養的にはエネルギー源となることを覚えておきましょう。

　さらにアルコールは食欲を増進させるので、おつまみが進んでしまい、エネルギーオーバーになりがち。

　よく飲むお酒のエネルギー量を知っておいて、1日に100kcalを目安に飲むようにし、休肝日もつくりましょう。

　おつまみは、エネルギーが低く、良質たんぱく質を含む卵豆腐、イカの刺身、焼き魚、アサリの酒蒸し、冷ややっこ、野菜や海藻のサラダ、あえ物などがおすすめです。そして、飲んだあとのラーメンはやめましょう。

---

> 簡単パフェをつくってみよう

### お手軽低カロリーパフェ
甘いものが食べたくなったときのおすすめレシピ

**材料**
・オールブラン　・ヨーグルト
・フルーツ　・はちみつ（好みで）

**作り方**
深めのカップにオールブランを7分目まで入れ、ヨーグルトをかけてフルーツをトッピングする。甘さが足りなければ、はちみつをかける。

PART 4
Rice dish Recipe

# ごはんの献立

どんぶり物など、主食と主菜が兼ねられる料理をご紹介します。
定食スタイルではないときの
献立の組み立て方のヒントとしても役立ちます。

## contents

menu *1* ▶ 親子どんぶり ………………… 68
menu *2* ▶ イワシの蒲焼きどんぶり ……… 70
menu *3* ▶ 鶏そぼろどんぶり ……………… 72
menu *4* ▶ オムライス …………………… 74
menu *5* ▶ ちらしずし …………………… 76
menu *6* ▶ ビビンパ風どんぶり …………… 78
menu *7* ▶ 野菜と豆のカレー ……………… 80

menu 1

思わず箸が進む人気のどんぶり

# 親子どんぶり

卵は半熟程度にやわらかく煮て。
甘辛いわりしたがとろっとからんだごはんは最高です。

1食分
596
kcal

PART4
Rice dish Recipe

## 主菜 ＋ 主食 親子どんぶり　444 kcal　塩分：2.4g

材料（1人分）
- 鶏むね肉 …………… 40g
- 酒 …………… 小さじ½
- しょうゆ …… 小さじ½弱
- 卵 …………………… 1個
- 玉ねぎ ……………… 40g
- 三つ葉 ……………… 5g
- 焼きのり ……… 全型⅙枚
- A
  - だし ……… ¼カップ弱
  - しょうゆ ……… 小さじ2
  - みりん ………… 小さじ2
- 熱い胚芽精米ごはん … 150g

作り方
1. 鶏肉は一口大のそぎ切りにし、酒としょうゆをからめて5分ほどおく。
2. 玉ねぎは繊維に直角に1cm厚さに切る。三つ葉は3cm長さに切る。
3. 卵はときほぐし、のりはポリ袋に入れて手でもんで細かくする。
4. 浅いなべにAを入れて火にかけ、玉ねぎを加えて静かに煮る。鶏肉を重ならないように並べ入れ、色が変わったら裏返す。
5. 肉に火が通ったら三つ葉を散らし、具材を平らにならす。
6. 卵を箸に伝わせて半量をまわし入れる。半熟状になったら残りを同様にして加え、ふたをして火を消し、蒸らす。
7. どんぶりにごはんを盛り、5をのせ、中央にもみのりをおく。

## 副菜 菜の花のからしあえ　37 kcal　塩分：0.7g

材料（1人分）
- 菜の花 ………… ½束（80g）
- A
  - だし ………… 大さじ1
  - しょうゆ … 小さじ½強
  - 練りがらし ……… 少量
- 削りガツオ ………… 適量

作り方
1. 菜の花は茎のかたいところを除き、沸騰湯で色よくゆでて冷水にとる。水けを絞り、食べやすい長さに切る。
2. Aを混ぜ合わせ、菜の花をあえる。器に盛り、削りガツオをのせる。

## デザート ミルク入りくずもち　115 kcal　塩分：0g　＊このレシピは6人分です。

材料（約15×20cmの型・6人分）
- A
  - 本くず粉 ………… 40g
  - 砂糖 ……………… 40g
  - 水 …………… 1カップ
- 牛乳 …………… 1カップ
- きな粉 ………… 大さじ5
- 砂糖 …………… 大さじ3

作り方
1. ボールにAを入れ、木べらでよく混ぜてなめらかにとかす。
2. こし器を通してなべに濾し入れ、牛乳を加えて混ぜる。強火にかけ、木べらで絶えずなべ底をこするようにかき混ぜながら、とろみをつける。
3. 全体にとろみがつき、なべの底が見えるようになったら火を弱め、1〜2分焦がさないように煮る。
4. 水でぬらした型に流し込み、表面を平らに整える。冷蔵庫に入れて冷やしかためる。
5. スプーンですくって器に盛り、混ぜ合わせたきな粉と砂糖をまぶす。

| 栄養価 | たんぱく質 | 27.5g | 脂質 | 14.0g | 四群点数 | ♠1群 1.3点 | ♥2群 1.3点 | 合計 7.4点 |
|---|---|---|---|---|---|---|---|---|
| | 炭水化物 | 91.5g | 塩分 | 3.1g | | ♣3群 0.6点 | ♦4群 4.2点 | |

menu 2

甘辛だれがごはんにぴったり

# イワシの蒲焼きどんぶり

うま味たっぷりのイワシの蒲焼き風どんぶり。
副菜は酸味のきいた、たたきごぼうでさっぱりと。

1食分
592
kcal

PART 4
Rice dish Recipe

## 主菜 + 主食 イワシの蒲焼きどんぶり　472 kcal　塩分：1.5g

**材料（1人分）**
- イワシ……1尾（100g）
- 酒……小さじ1
- 小麦粉……適量
- 油……小さじ1
- A
  - 酒……大さじ1
  - しょうゆ……小さじ1½
  - 砂糖……小さじ½
  - みりん……小さじ1
- ピーマン……1個（30g）
- 油……小さじ½
- 熱い胚芽精米ごはん…150g
- しょうがのせん切り…1かけ分

**作り方**
1. イワシは頭と内臓を除いて流水で洗い、手開きにして中骨を除く。酒をふり、15分ほどおく。
2. イワシの汁けをふいて小麦粉をまぶし、油を熱したフライパンで両面を色よく焼いてとり出す。
3. フライパンをさっとふき、Aを入れて少し煮詰め、イワシを戻し入れて調味液を煮からめる。
4. ピーマンは繊維に直角にせん切りにし、油を熱したフライパンでさっといためる。
5. どんぶりにごはんを盛ってイワシをのせる。ピーマンを添え、しょうがをのせる。

## 副菜 たたきごぼう　82 kcal　塩分：0.4g

**材料（1人分）**
- ごぼう……60g
- すり白ごま……5g
- 砂糖……小さじ1弱
- しょうゆ……小さじ½
- 酢……小さじ1弱
- 水……小さじ1

**作り方**
1. ごぼうはたわしで洗い、なべに入る長さに切る。酢少量（分量外）を加えた沸騰湯でやや歯ごたえが残る程度に約10分ゆで、水にとってさます。
2. すりこぎなどでたたいてひびを入れ、5cm長さに切る。
3. すりごまに砂糖、しょうゆ、酢、水を順に加えては混ぜ、ごぼうをあえる。

## 汁物 オクラとじゃが芋のみそ汁　38 kcal　塩分：1.0g

**材料（1人分）**
- じゃが芋……20g
- オクラ……20g
- だし……1カップ
- みそ……小さじ1強

**作り方**
1. じゃが芋は4cm長さの棒状に、オクラは5mm厚さの輪切りにする。
2. なべにだしを温め、じゃが芋を入れてやわらかくなるまで10〜12分煮る。
3. オクラを加え、1分ほど煮てみそをとき入れる。

### Arrange Point
- つけ合わせのピーマンをゆでピーマンにすれば、さらにエネルギーダウン。
- たたきごぼうの味つけはさやいんげんやきゅうり、大根などにもよく合います。
- オクラの汁はじゃが芋の代わりに里芋やさつま芋でも。低エネルギーにしたいときはわかめがおすすめ。

| 栄養価 | |
|---|---|
| たんぱく質 | 20.8g |
| 脂質 | 17.9g |
| 炭水化物 | 86.8g |
| 塩分 | 2.9g |

| 四群点数 | | |
|---|---|---|
| ♠ | 1群 | 0点 |
| ♥ | 2群 | 1.5点 |
| ♣ | 3群 | 1.0点 |
| ♦ | 4群 | 5.1点 |
| | 合計 | 7.6点 |

menu 3

身近な材料で作れる定番どんぶり
# 鶏そぼろどんぶり

肉と卵がのったどんぶりは、主菜兼主食の一品。
副菜には野菜と果物を添えて、充実した献立に。

1食分
579
kcal

PART4
Rice dish Recipe

## 主菜＋主食 鶏そぼろどんぶり　457kcal　塩分：1.6g

**材料（1人分）**
鶏ひき肉……………60g
A ┃ 砂糖…………小さじ1
　 ┃ しょうゆ……小さじ1
　 ┃ 酒……………小さじ1
　 ┃ しょうが汁…小さじ¼
卵………………1個（50g）
B ┃ 砂糖…………小さじ1
　 ┃ 塩……………ごく少量
熱い胚芽精米ごはん…150g
甘酢しょうが（市販品）…7g

**作り方**
① 小さめのフライパンにひき肉とAを入れてよく混ぜ合わせる。中火にかけ、菜箸3〜4本で手早くかき混ぜながらそぼろ状になるまでいりつける。そぼろをとり出し、フライパンを洗う。
② ボールに卵を割りほぐし、Bを加えてよく混ぜる。フライパンに流して中火にかけ、菜箸3〜4本で手早くかき混ぜながらいりつける。
③ どんぶりにごはんを盛り、1と2を盛り合わせ、せん切りにした甘酢しょうがをのせる。

## 副菜 キャベツときゅうりのごま酢あえ　77kcal　塩分：0.8g

**材料（1人分）**
キャベツ………………80g
┃ きゅうり……¼本（25g）
┃ 塩……………………少量
A ┃ 練り白ごま…小さじ1
　 ┃ 砂糖…………大さじ½
　 ┃ 酢……………大さじ½
　 ┃ しょうゆ…小さじ½強

**作り方**
① きゅうりは縦半分に切って斜め薄切りにし、塩をふってしんなりするまでおく。
② 塩少量（分量外）を加えた沸騰湯でキャベツをゆで、ざるにとってさます。芯は薄切りにし、葉は1cm幅のリボン状に切る。
③ きゅうりとキャベツの水けを絞り、混ぜ合わせたAであえる。

## 汁物 豆腐とわかめのすまし汁　25kcal　塩分：0.9g

**材料（1人分）**
絹ごし豆腐……………30g
わかめ………もどして10g
三つ葉…………………5g
だし………………1カップ
A ┃ 塩……………………少量
　 ┃ しょうゆ……………少量

**作り方**
① 豆腐は1cm角に切り、わかめは3cm長さ、三つ葉は1.5cm長さに切る。
② なべにだしを温め、Aで調味する。豆腐とわかめを加えてひと煮立ちしたら三つ葉を加えて火を消す。

## 果物 いちご（60g）　20kcal　塩分：0g

### Arrange Point
● しっとり口当たりのよいそぼろを作るには、手早く混ぜてほどよく火を通すのがポイント。火を通しすぎると、パサパサになります。
● あえ物は野菜の水けをよく絞り、食べる直前にあえると水っぽくなりません。

| 栄養価 | |
|---|---|
| たんぱく質 | 28.7g |
| 脂質 | 15.5g |
| 炭水化物 | 80.2g |
| 塩分 | 3.3g |

| 四群点数 | | |
|---|---|---|
| ♠ | 1群 | 1.0点 |
| ♥ | 2群 | 1.5点 |
| ♣ | 3群 | 0.7点 |
| ♦ | 4群 | 4.3点 |
| 合計 | | 7.5点 |

menu 4

一口食べれば思わず笑顔に

# オムライス

卵を半熟状のスクランブルエッグにしてのせると、
とろとろオムライスになります。

1食分
594
kcal

# オムライス 主菜＋主食　502 kcal　塩分：1.8g

## 材料（1人分）
- 胚芽精米ごはん……150g
- 鶏もも肉（皮なし）……30g
- 玉ねぎ……20g
- グリンピース……10g
- 油……大さじ1弱
- A
  - 白ワインまたは酒……小さじ½
  - 塩……少量
  - こしょう……少量
- B
  - トマトケチャップ……大さじ¼
  - 塩……ミニスプーン1弱
  - こしょう……少量
- 卵……1個
- こしょう……少量
- 油……小さじ½
- トマトケチャップ……適量

## 作り方
1. 鶏肉は1cm角に切り、玉ねぎはあらいみじん切りにする。グリンピースは沸騰湯でさっとゆでる。
2. フライパンに油を熱し、玉ねぎをいためる。透き通ってきたら肉を加え、肉の色が変わったらAをふる。ごはんを加え、ほぐしながらいためてBを加え混ぜ、全体が混ざったらグリンピースを加えて火を消す。
3. 卵を割りほぐし、こしょうを加えて混ぜる。油を熱したフライパンに流し入れ、フライパンの形に沿って丸く薄く焼く。
4. 表面が半熟状のうちにラップにとり、2をのせて形を整えながら包む。合わせ目が下になるように皿にのせ、ケチャップをかける。

# 海藻と野菜のサラダ 副菜　37 kcal　塩分：0.8g

## 材料（1人分）
- わかめ、ひじきなどの海藻類……もどして40g
- きゅうり……30g
- トマト……30g
- ロケット菜……15g
- A
  - 砂糖……小さじ⅔
  - しょうゆ……小さじ½
  - ごま油……少量
  - こしょう……少量

## 作り方
1. 海藻は沸騰湯でさっとゆで、水にとって絞る。きゅうりは5mm厚さの輪切りにし、トマトは1.5cm角に切る。ロケット菜は一口大にちぎる。
2. 1を合わせ、混ぜ合わせたAであえる。

# かぶのスープ 汁物　55 kcal　塩分：0.9g

## 材料（1人分）
- かぶ……小1個（50g）
- かぶの葉……5g
- 玉ねぎ……20g
- セロリ……10g
- バター……3g
- ブイヨンスープ……1カップ
- A
  - 牛乳……大さじ1
  - 塩……少量
  - こしょう……少量

## 作り方
1. かぶは皮をむき、8等分のくし型に切る。かぶの葉は沸騰湯でさっとゆであらく刻む。玉ねぎとセロリは薄切りにする。
2. なべにバターを熱し、玉ねぎとセロリをしんなりするまでいためる。スープを加え、10分ほど煮る。
3. かぶを加え、やわらかくなるまでさらに5分ほど煮、Aを加えてひと煮立てする。
4. 器に注ぎ、かぶの葉を散らす。

## 栄養価
| | | | | |
|---|---|---|---|---|
| たんぱく質 | 19.8g | 脂質 | 23.6g | |
| 炭水化物 | 74.1g | 塩分 | 3.5g | |

## 四群点数
- ♠ 1群 1.1点
- ♥ 2群 0.4点
- ♣ 3群 0.6点
- ♦ 4群 5.2点
- 合計 7.3点

menu 5

色とりどりの具が美しい手軽なちらしずし

# ちらしずし

さっぱりとしたちらしずしには、コクのある煮物を添えます。
牛乳で煮たかぼちゃはクリーミーでやさしい味わい。

1食分
525
kcal

PART4
Rice dish Recipe

## 主菜 + 主食 ちらしずし　*403 kcal*　塩分：1.6g

**材料（1人分）**
熱い胚芽精米ごはん … 150g
A ┌ 酢 ………… 小さじ2弱
　├ 砂糖 ………… 小さじ2/3
　└ 塩 ……… ミニスプーン1
[ とき卵 …… 1/3個分（15g）
[ 油 ………… 小さじ1/3弱
刻みアナゴ（市販品）… 20g
無頭エビ（小）………… 20g
さやいんげん ………… 10g
青じそのせん切り ……… 3g
小ねぎの小口切り ……… 5g
煎り白ごま …………… 5g

**作り方**
1. Aはよく混ぜ合わせ、ごはんにまわしかける。しゃもじで切るようにして混ぜ、あおいでさます。
2. 油を熱したフライパンに卵を流し入れ、全体に薄く広げる。表面が乾いたら裏返してさっと焼き、まな板にとってせん切りにする。
3. 刻みアナゴは電子レンジ（500W）に1～2分かけて温め、さます。
4. エビは背わたを除いて沸騰湯でさっとゆで、殻をむく。さやいんげんは沸騰湯でゆでて斜め薄切りにする。
5. 1にアナゴ、青じそ、小ねぎ、ごまを加え、全体をさっくりと混ぜ合わせる。器に盛り、卵、エビ、さやいんげんを彩りよく飾る。

## 副菜 かぼちゃのミルク煮　*100 kcal*　塩分：0.3g

**材料（1人分）**
西洋かぼちゃ ………… 60g
A ┌ 牛乳 ………… 60ml
　├ 砂糖 ………… 小さじ1/4
　└ 塩 …………… 少量
シナモン …………… 適量

**作り方**
1. かぼちゃはくし型に切って皮をまだらにむき、一口大に切る。
2. なべにかぼちゃとAを入れて火にかけ、煮立ったら吹きこぼれないように火を弱める。ときどきなべを揺すりながら、少し煮汁が残るくらいまで15～20分煮る。
3. 火を消し、シナモンをふる。

## 汁物 しいたけとはんぺんのすまし汁　*22 kcal*　塩分：1.4g

**材料（1人分）**
生しいたけ ……… 1個（15g）
はんぺん …………… 10g
春菊 ………………… 20g
だし ……………… 180ml
A ┌ 塩 …… ミニスプーン1/2
　└ しょうゆ … 小さじ1/2弱

**作り方**
1. しいたけは石づきを除き、表面に格子状の切り込みを入れる。はんぺんは一口大に切る。
2. 春菊はかたい茎の部分を除き、沸騰湯でさっとゆでる。
3. なべにだしを温め、しいたけを入れて2～3分煮る。Aで調味し、はんぺんと春菊を加えて温める。
4. わんに具を見映えよく配し、汁を注ぐ。

### Arrange Point

- ちらしずしの具はいろいろ楽しめます。アナゴはマグロのしょうゆ漬けやスモークサーモンでも。
- ミルク煮は牛乳の膜が落としぶた代わりになります。吹きこぼれやすいので、気をつけましょう。
- すまし汁のはんぺんは、ささ身やかまぼこでも。きのこはまいたけやしめじなども合います。

| 栄養価 | | 四群点数 | |
|---|---|---|---|
| たんぱく質 | 21.6g | ♠ 1群 | 0.8点 |
| 脂質 | 13.4g | ♥ 2群 | 1.0点 |
| 炭水化物 | 79.0g | ♣ 3群 | 0.8点 |
| 塩分 | 3.3g | ♦ 4群 | 3.8点 |
| | | 合計 | 6.4点 |

menu 6

彩り豊かなビビンパ。よく混ぜてから召し上がれ

# ビビンパ風どんぶり

野菜がたっぷり食べられるビビンパ。
見た目も美しく、複雑な味わいが食欲をそそります。

1食分
553
kcal

# 主菜＋主食 ビビンパ風どんぶり　458 kcal　塩分：2.1g

## 材料（1人分）
熱い胚芽精米ごはん……150g
A｜牛もも赤身薄切り肉……40g
　｜ごま油…………小さじ½
　｜砂糖……………小さじ⅓
　｜しょうゆ…………少量
　｜こしょう…………少量
　｜煎り白ごま……小さじ⅔
　｜にんにくのみじん切り……少量
とき卵…………½個分（20g）
油………………小さじ⅓弱
B｜大根……………………30g
　｜にんじん………………10g
　｜塩………ミニスプーン1弱
　｜砂糖……………小さじ½
　｜酢………………小さじ½
　｜ごま油……………数滴
　｜コチュジャン
　｜（とうがらしみそ）‥少量
C｜小松菜・大豆もやし…各40g
　｜ごま油…………小さじ½
　｜しょうゆ…………少量
　｜塩・こしょう……各少量
ねぎ……………………10g

## 作り方
1. 牛肉は繊維に沿って5cm長さの太めのせん切りにする。小なべに入れ、Aを加え、火が通るまでいためる。
2. 油を熱したフライパンに卵を流し入れ、全体に薄く広げる。表面が乾いたら裏返してさっと焼き、まな板にとってせん切りにする。
3. 大根とにんじんは5cm長さの太めのせん切りにし、塩をふって15分ほどおく。水けを絞り、混ぜ合わせたBであえる。
4. 小松菜は沸騰湯でゆでて水にとり、水けを絞って3cm長さに切る。もやしは沸騰湯で豆がやわらかくなるまでゆでて、湯をきる。小松菜ともやしを合わせて混ぜ合わせたCであえる。
5. ねぎは薄い小口切りにし、ふきんに包んで水中でもみ洗いし、水けを絞る。
6. どんぶりにごはんを盛り、1～4を彩りよく盛り合わせ、ねぎをのせる。

# 副菜 キャベツの甘酢かけ　52 kcal　塩分：0.3g

## 材料（1人分）
キャベツ………………80g
A｜赤とうがらし………½本
　｜酢………………大さじ½
　｜砂糖……………小さじ1
　｜油………………小さじ½
　｜塩…………………少量

## 作り方
1. キャベツは4cm長さの細切りにする。沸騰湯でさっとゆで、湯をきる。
2. なべにAを入れて煮立て、熱いうちに1にかけて混ぜ、冷やす。

# 汁物 豆腐の薄くずスープ　43 kcal　塩分：1.0g

## 材料（1人分）
もめん豆腐……………40g
ねぎ……………………20g
鶏がらスープ…………180mℓ
A｜塩………ミニスプーン½弱
　｜しょうゆ…………少量
　｜しょうが汁………少量
かたくり粉………小さじ½
水…………………小さじ1
こしょう……………少量

## 作り方
1. 豆腐は1cm角に切り、ねぎは小口切りにする。
2. なべに鶏がらスープを温め、ねぎを加える。2分ほど煮たらAで調味し、水ときかたくり粉を加えてとろみをつける。
3. 豆腐を加え、煮立ったら火を消してこしょうをふる。

## 栄養価
| | | | |
|---|---|---|---|
| たんぱく質 | 22.5g | 脂質 | 16.8g |
| 炭水化物 | 76.1g | 塩分 | 3.4g |

## 四群点数
♠ 1群 0.4点　♥ 2群 1.1点
♣ 3群 0.8点　♦ 4群 4.7点
合計 7.0点

menu 7

大豆たっぷりのヘルシーカレー

# 野菜と豆のカレー

肉と油は控えめに、野菜のうま味を生かしたスパイシーカレーです。
副菜にはさっぱりとしたフルーツ入りサラダを添えます。

1食分
544
kcal

PART4
Rice dish Recipe

## 主菜 + 主食 野菜と豆のカレー　*481* kcal　塩分：2.1g　＊このレシピは4人分です。

材料（4人分）
- 豚ひき肉 …………………… 120g
- 大豆水煮缶詰め ………… 120g
- 玉ねぎ ……………………… 160g
- トマト ………………………… 80g
- 赤ピーマン ………………… 80g
- にんじん …………………… 80g
- コーン缶詰め（ホールタイプ）
  ……………………………… 40g
- にんにく …………………… 2かけ
- 油 …………………………… 大さじ2
- 小麦粉 …………………… 大さじ1 1/3

A
- ブイヨンスープ … 4カップ
- カレー粉 ……… 大さじ1 1/3
- 塩 ……………………… 小さじ1
- クミンシード（あれば）
  …………………………… 小さじ2
- こしょう ……………………… 適量

熱い胚芽精米ごはん …… 600g

作り方
1. 玉ねぎとにんにくはみじん切りにし、トマトと赤ピーマンはあらいみじん切りにする。にんじんはすりおろし、大豆とコーンは汁けをきる。
2. なべに油を熱し、玉ねぎとにんにくを弱火で10分ほどいためる。ひき肉を加え、肉の色が変わるまでいため、小麦粉をふり入れる。軽くいため、残りの野菜と大豆、コーンを加えて全体を混ぜ合わせる。
3. Aを加え、煮立ったら弱火にして20分煮る。水分がほとんどなくなったら火を消す。
4. 器にごはんを盛り、カレーをかける。

## 副菜 グレープフルーツとレタスのサラダ　*61* kcal　塩分：0.6g

材料（1人分）
- レタス ……………………… 60g
- グレープフルーツ ………… 80g
- クレソン …………………… 15g
- A
  - 酢 …………………… 小さじ2
  - 油 …………………… 小さじ1/2
  - 塩 ……… ミニスプーン1/2
  - こしょう ……………… 適量

作り方
1. レタスは一口大にちぎる。グレープフルーツは薄皮をむき、1ふさを3～4つに切る。
2. クレソンはかたい茎を除き、食べやすい大きさにちぎる。
3. 1、2を合わせて器に盛り、混ぜ合わせたAをかける。

## 飲物 紅茶　*2* kcal　塩分：0g

### Arrange Point

- カレーは油を使ううえ、ついごはんが進んでしまい、高エネルギーになりがちです。クミンなどのスパイスを利用して風味を補い、ごはんは食べすぎに注意しましょう。
- 柑橘系の果物は、サラダによく合います。オレンジなどもおすすめです。

| 栄養価 | |
|---|---|
| たんぱく質 | 17.0g |
| 脂質 | 16.2g |
| 炭水化物 | 81.4g |
| 塩分 | 2.7g |

| 四群点数 | | |
|---|---|---|
| ♠ | 1群 | 0点 |
| ♥ | 2群 | 1.3点 |
| ♣ | 3群 | 1.2点 |
| ♦ | 4群 | 4.2点 |
| | 合計 | 6.7点 |

食卓に ➕ もう1品
**プラス**

# 彩り小鉢

野菜や海藻、きのこ類は毎日たっぷり食べたい食品。野菜不足を感じたら、献立に1品加えてみましょう。

## Recipe 1

### エリンギのマリネ

マリネにすれば冷蔵庫で2日は保存可能。にんにくの風味が食欲をそそります。赤ピーマンやアスパラガスを加えても。

**66 kcal**　塩分：1.2g

**材料（1人分）**
- エリンギ……100g
- オリーブ油‥小さじ1
- にんにく…………½かけ
- パセリ……………少量

A
- 酢…………小さじ1
- 塩‥ミニスプーン1
- こしょう………少量

**作り方**
1. エリンギに手で油をぬり、180℃のオーブンかオーブントースターで、しんなりするまで焼く。
2. にんにくとパセリはみじん切りにし、ボールに入れてAを加え混ぜる。
3. 1が熱いうちに一口大に切って2につけ、さめて味がなじむまでおく。

## Recipe 2

### かぼちゃのオレンジ煮

冷凍かぼちゃを使うととても簡単。さつま芋で作ってもおいしい一品。

**175 kcal**　塩分：0.6g

**材料（1人分）**
- かぼちゃ………………100g

A
- オレンジジュース……80㎖
- バター…………………5g
- 砂糖……………小さじ1
- 塩………………………少量

**作り方**
1. かぼちゃは種とわたを除き、一口大に切る。なべに並べ入れてAを加え、落としぶたをして火にかける。
2. 沸騰したら弱火にし、火が通って煮汁がほとんどなくなるまで15分ほど煮る。

## Recipe 3

### ひじきと切り干し大根のいため煮

乾物は低価格で食物繊維やミネラルの宝庫。下処理も水につけるだけですから、意外と手間いらず。

**115 kcal**　塩分：1.1g

**材料（1人分）**
- ひじき……乾6g（もどして30g）
- 切り干し大根……乾12g（もどして50g）
- にんじん……………………20g
- 油………………………小さじ1
- だし…………………………120ml
- A ｜ 砂糖…………………小さじ1 ⅔
  　｜ しょうゆ………………小さじ1

**作り方**

① ひじきと切り干し大根は、水につけてもどす。にんじんは皮をむき、5mm厚さの輪切りにする。

② なべに油を熱し、にんじんをいためる。ひじきと切り干し大根を加え、さっといためてだしを加える。

③ 煮立ったら火を弱め、Aを加えて15分ほど煮る。途中何回か全体を混ぜ、汁けがほぼなくなったら火を消す。

## Recipe 4

### 焼き野菜サラダ

野菜は焼くと味が凝縮し、甘味がアップ。少量の油を塗ると均一に焼け、味にコクが出ます。

**84 kcal**　塩分：1.6g

**材料（1人分）**
- アスパラガス………60g
- にんじん（皮をむく）…………30g
- なす……………40g
- ピーマン………30g
- 油………………小さじ1
- A ｜ レモン汁‥小さじ1
  　｜ 粒入りマスタード………小さじ½
  　｜ 塩………小さじ¼
  　｜ こしょう……少量

**作り方**

① アスパラガスははかま部分の皮を除き、5cm長さに切る。にんじんとなすは1cm厚さの輪切りにする。ピーマンは縦4つに切る。

② 野菜を天板か耐熱容器に並べて油をかけ、手で油をまんべんなく薄く塗る。200℃のオーブンで火が通るまで焼く。

③ 混ぜ合わせたAであえる。

＊野菜によって火が通る時間は違うので、様子をみて焼けたものから先にとり出す。

## Recipe 5
### えのきたけのきんぴら

低エネルギー、ローコストのきのこを
もっと食卓に。調理時間も短くて、お弁当にもおすすめ。

**76 kcal**　塩分：0.9g

**材料（1人分）**
- えのきたけ……………100g
- ごま油………………小さじ1
- A ┃ 酒……………小さじ1
- 　 ┃ 砂糖…………小さじ1
- 　 ┃ しょうゆ……小さじ1
- 一味とうがらし………適量

**作り方**
1. えのきたけは石づきを除き、長さを半分にしてばらしておく。
2. なべにごま油を熱し、1をいためる。Aを加え、混ぜながら汁けがなくなるまで煮る。
3. 器に盛り、一味とうがらしをふる。

## Recipe 6
### ブロッコリーの蒸し煮

ゆでるよりも蒸すほうが味わいと甘味が増します。
料理のつけ合わせにもおすすめ。

**77 kcal**　塩分：0.8g

**材料（1人分）**
- ブロッコリー……………120g
- A ┃ ブイヨンスープ…30ml
- 　 ┃ バター……………5g
- 塩・こしょう…………各少量

**作り方**
1. ブロッコリーは大きさがそろうように小房に切り分ける。茎は根元のかたい部分を除き、皮をむいて縦に薄切りにする。
2. なべにブロッコリーを重ならないように並べてAを加え、ふたをして火にかける。沸騰したら弱火にし、5分ほど煮る。
3. ブロッコリーがやわらかくなったら、塩、こしょうをふる。

## Recipe 7
### かぶとかぶの葉の煮浸し

かぶの葉にはカロテンやビタミンCが豊富。
むだにせず食べきりましょう。

**26 kcal**　塩分：0.9g

**材料（1人分）**
- かぶ……………………40g
- かぶの葉………………60g
- A ┃ だし……………70ml
- 　 ┃ しょうゆ………小さじ1

**作り方**
1. かぶは皮をむき、8mm厚さに切る。かぶの葉はさっとゆでて、3cm長さに切る。
2. なべにAを入れてかぶの葉を加え、3〜4分煮る。かぶを加え、やわらかくなるまで煮る。

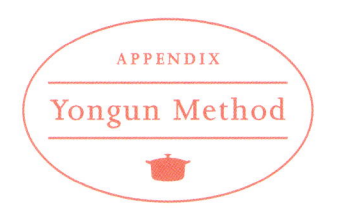

APPENDIX
Yongun Method

# 女子栄養大学の「四群点数法」の基本

女子栄養大学で提唱している栄養バランスのよい食事法
——四群点数法の基本をご紹介します。
この食事法は、女子栄養大学の創始者 香川綾が
だれでも簡単に、ダイエットや
生活習慣病の予防、改善にも役立てられる食事法として、
長い研究の末に考案したものです。
「なにを」「どれだけ食べたらよいか」がひと目でわかり、
だれでも実行できる、とても優れた食事法です。

## contents

1 ▶ 健康的できれいになる！
女子栄養大学の「四群点数法」 ⋯⋯ 86

2 ▶ 1日20点（1600kcal）の
献立のつくり方 ⋯⋯ 88

3 ▶ 1点（80kcal）あたりの
食品重量と各群の特徴 ⋯⋯ 89

## 1 健康的できれいになる！女子栄養大学の「四群点数法」

1日に必要な食品がひと目でわかる四群点数法は、女子栄養大学の食事の基本です。

　女子栄養大学の四群点数法では、食品を栄養的な特徴によって、4つの食品群に分類しています。健康を維持するためには、この第1群から第4群までをバランスよく食べることがたいせつです。

　食べる量の単位は、80kcal分を1点としてカウントします。これは、卵1個、6Pチーズ1個、じゃが芋1個など、1回に食べる量が約80kcalの食品が多いことから、エネルギー計算に便利で覚えやすい単位だからです。

　まず優先して食べるのは、第1～3群の食品から3点ずつです。そうすると、たんぱく質やミネラル、ビタミン類など、体を作ったり、調節を行ったりする栄養素が確実に摂取できます。そのうえで、エネルギー源となる第4群を体重や活動量を考慮して、自分に合った量を食べます。

　基本は3、3、3、11。「サン、サン、サン、ジュウイチ」と覚えましょう。合計1日20点、つまり1600kcalがベースです。

### 4つのグループを覚えよう

| 第1群 | 第2群 | 第3群 | 第4群 |
|---|---|---|---|
| 乳・乳製品、卵 | 魚介、肉、豆・豆製品 | 野菜、芋、果物 | 穀類、油脂、砂糖 |
| 3 (240kcal) | 3 (240kcal) | 3 (240kcal) | 11 (880kcal) |

3 ＋ 3 ＋ 3 ＋ 11 ＝ 20（1600kcal）

この比率で食事をとって健康美人になりましょう

### memo もっとくわしく知りたいかたは！

四群点数法についてわかりやすく解説。1日1600kcalの献立を基本に、年齢や性別、活動量ごとの適正エネルギー量、またそれらに合わせて家族の食事を作成する方法などを紹介しています。

**なにをどれだけ食べたらいいの？**
女子栄養大学出版部
1050円（税込）

APPENDIX
Yongun Method

# エネルギー量点数配分バランス

1日にこれだけ食べよう
（1日の必要エネルギー量が20点＝1600kcalの場合）

**第1群** ♠
日本人に不足しがちなカルシウムや良質たんぱく質を含み、栄養バランスを完全にする食品群

**第2群** ♥
筋肉や血液などを作るために必要な良質たんぱく質を含む食品群

**第3群** ♣
ビタミンやミネラル、食物繊維の供給源となり、体の働きをスムーズにする食品群

**第4群** ♦
糖質や脂質を含み、力や体温の基となるエネルギー源の食品群

乳・乳製品 2点／卵 1点（卵1個）／牛乳コップ1杯とヨーグルトを小鉢に1杯
魚介・肉・その加工品 2点（魚料理と肉料理合わせて2皿）／豆・豆製品 1点（絹ごし豆腐½丁弱）
砂糖 0.5点（砂糖大さじ1強）／油脂 1.5点（油大さじ1強）
穀類 9点（ごはんめし茶わんに軽く2杯／食パン1枚／うどん(ゆで)1玉）
果物 1点（りんご½個）／芋 1点（じゃが芋1個）／野菜 1点（1日350g。その内⅓は緑黄色野菜で）

中心：3点・3点・3点・11点

図作成／横田洋子

## 第3群の野菜は便宜的に350gで1点

上の表は、4つの食品群の食品をどのように組み合わせて食べたらよいのかを、もう少し細かく配分したものです。

第3群の野菜は、エネルギーが低いものが多く、ある1種類の野菜で1点をとろうとすると、大量に食べなくてはいけません。また野菜は何種類かを少量ずつ組み合わせて食べることが多いので、便宜的に「350g＝1点」としています。

350gの内訳は、「⅓を緑黄色野菜、残り⅔を淡色野菜」です。

きのこと海藻は淡色野菜に属しますが、350gの野菜以外にきのこ、海藻（合わせて30〜40gくらい）の料理が1日1品あるとよいでしょう。

## 家族のエネルギー調整は第4群の穀類と油で

1〜3群の食品を3点ずつ食べれば、ほとんどの世代で必要な栄養素がとれるので※、おかずは家族全員同じものを食べ、エネルギー調整はおもに第4群の穀類と油で行います。

成長期の男子や活動量の多い男性では、1食のごはんは200〜300g（白米：336〜504kcal）、女性も成長期の子や活動量の多い人は200gくらいにします。

油は活動量の多い男性では1日に大さじ1½〜2杯強、女性で大さじ1½杯まで増やしても構いません。逆にダイエットのために極端に油を減らす人がいますが、油は必須脂肪酸（体内では作ることのできない脂肪酸）の供給や、腹もちをよくするなど欠かせない食品です。大さじ1杯強はとるようにしましょう。

※10歳代男女、20歳代男性は乳製品、肉や魚の必要量が増えます。

87

## 2　1日20点（1600kcal）の献立のつくり方

4つのグループに分けた食品をどのように組み合わせて食べればいいのか、実際の例で見てみましょう。

## 1日20点の食品構成

四群点数法の1日20点分の食品構成は、次のようになります。

| 群別 | 第1群 | | 第2群 | | 第3群 | | | 第4群 | | | 合計 |
|---|---|---|---|---|---|---|---|---|---|---|---|
| 食品群 | 乳・乳製品 | 卵 | 魚介・肉 | 豆・豆製品 | 野菜 | 芋 | 果物 | 穀類 | 砂糖 | 油脂 | |
| 点数 | 2.0 | 1.0 | 2.0 | 1.0 | 1.0 | 1.0 | 1.0 | 9.0 | 0.5 | 1.5 | 20.0 |

## 1日20点の配分例と献立例

　上の食品構成を、朝・昼・夕・間食に配分した場合の例です。朝・昼・夕のそれぞれの合計点数は、3食でほぼ均等になるようにします。右の写真は、組み合わせ例をもとに作成した献立です。

　"忘れがちな卵と乳製品は朝食べる"など、パターンを決めると献立を考えるのが楽になります。

| 4つの食品群 | | 朝食 | 昼食 | 夕食 | 間食 | 合計 |
|---|---|---|---|---|---|---|
| 第1群 | 乳・乳製品 | 1.2 | | | 0.8 | 2.0 |
| | 卵 | 1.0 | | | | 1.0 |
| 第2群 | 魚介・肉 | | 1.0 | 1.0 | | 2.0 |
| | 豆・豆製品 | | 1.0 | | | 1.0 |
| 第3群 | 野菜 | (100g) | (140g) | (189g) | | 1.0 (429g) |
| | 芋類 | | | | 1.0 | 1.0 |
| | 果物 | 0.5 | 0.5 | | | 1.0 |
| 第4群 | 穀類 | 2.0 | 3.0 | 4.0 | | 9.0 |
| | 砂糖 | 0.3 | | 0.1 | 0.1 | 0.5 |
| | 油脂 | 0.3 | 0.9 | 0.3 | | 1.5 |
| 合計 | | 5.3 | 6.4 | 5.4 | 1.9 | 20.0 |
| | | 野菜合わせて 1.0 | | | | |

**朝食**

ハニートースト／ほうれん草入りスクランブルエッグ トマト添え／果物／牛乳

**昼食**

ごはん／肉野菜いため／冷ややっこ／果物

**夕食**

ごはん／みそ汁／アジの塩焼き／ひじきの煮物／きゅうりの梅肉あえ

**間食**

焼き芋／ヨーグルト ジャム添え／紅茶

APPENDIX
Yongun Method

## 3 | 1点（80kcal）あたりの食品重量と各群の特徴

四群点数法の基本である1点あたりの食品の重量と各群のくわしい栄養的特徴をご紹介します。

### ♠1 乳・乳製品、卵

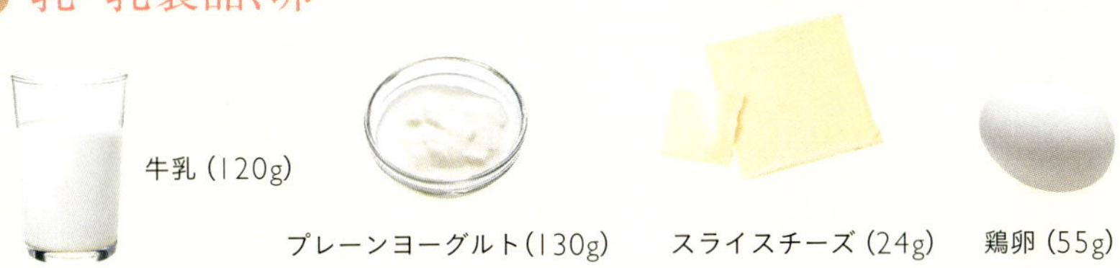

牛乳 (120g)
プレーンヨーグルト (130g)
スライスチーズ (24g)
鶏卵 (55g)

● その他の食材
クリームチーズ ………… 23g
パルメザンチーズ ……… 17g
カテージチーズ ………… 75g
生クリーム（乳脂肪）…… 18g
うずらの卵 ……… 45g（5個）
卵豆腐 …………………… 100g

### ♥2 魚介、肉、豆・豆製品

赤身マグロ (85g)
牛肩ロース (25g)
鶏むね肉 (40g)
サケ (60g)
もめん豆腐 (110g)

● その他の食材
マアジ ………… 中1尾 (65g)
マサバ …………………… 40g
牛ひき肉 ………………… 35g
豚バラ肉 ………………… 21g
ベーコン ………………… 20g
納豆 ……………………… 40g

### ♣3 野菜（きのこ、海藻を含む）、芋、果物

ほうれん草 (400g)
じゃが芋 (110g)
かぼちゃ (90g)
りんご (150g)
バナナ (95g)

● その他の食材
にんじん ………… 2本 (220g)
さつま芋 ………………… 60g
里芋 ……………………… 140g
エリンギ ………………… 330g
ひじき（乾）……………… 60g
メロン …………………… 190g

### 4 穀類、油脂、砂糖、調味料、菓子類

胚芽精米ごはん (50g)
食パン (30g)
フランスパン (29g)
油 (9g)
砂糖 (21g)

● その他の食材
蒸し中華めん …… ⅓玉 (40g)
スパゲッティ（乾）……… 21g
いちごジャム …………… 30g
マヨネーズ …… 大さじ1 (12g)
シュークリーム … ½個 (35g)
かしわもち ……… ½個 (40g)

---

🌼 **memo** もっとくわしく知りたいかたは！

女子栄養大学がおすすめする四群点数法の1点分80kcalの食材を写真で紹介した1冊。エネルギーコントロールのツールとして大変便利です。

**食品 80キロカロリーガイドブック**
女子栄養大学出版部
1,575円（税込）

# 各群の特徴と含まれる栄養素

それぞれの食品群の代表的な食材には、おもにこんな栄養素が含まれます。

## 第1群 ♠

栄養を完全にする食品群

### Point!
良質たんぱく質やビタミンが豊富で、特に日本人に慢性的に不足しているカルシウムを多く含む食品群です。そのまま食べられる食品が多いので、積極的にとり入れましょう。

#### おもな食材
- 牛乳、加工乳、ヨーグルト、チーズ、クリームなど
- 鶏卵、うずらの卵など（タラコ、スジコは第2群）

#### 含まれる栄養素
良質たんぱく質、脂質、カルシウム、鉄、ビタミンA、ビタミン$B_1$、ビタミン$B_2$

## 第3群 ♣

体の生理機能をスムーズにするビタミンや食物繊維が豊富な食品群

### Point!
淡色野菜に偏らず、緑黄色野菜もしっかり食べましょう。果物には果糖が多く含まれています。果糖をとりすぎると血中の中性脂肪が上昇しますので、果物の食べすぎには注意しましょう。

#### おもな食材
- 緑黄色野菜（ほうれん草、にんじん、トマト、ブロッコリー、かぼちゃなど）
- 淡色野菜（キャベツ、白菜、レタス、きゅうり、大根など）
- きのこ類
- 海藻類
- 芋
- 果物

#### 含まれる栄養素
カルシウム、鉄、カロテン、ビタミン$B_1$、ビタミン$B_2$、ビタミンC、食物繊維

APPENDIX
Yongun Method

### 第2群

動物性の肉や魚、植物性の豆・豆製品など
良質たんぱく質を豊富に含む食品群

*Point!*

含まれている脂質の量によって、同じ重量でもエネルギーがずいぶん変わります。食べすぎるとエネルギーオーバーになりますので、内容と量に気をつけたい食品群です。

**おもな食材**

- 肉類、肉類の内臓、肉を使った加工品 ●魚類、魚卵、魚を使った加工品、貝類 ●大豆やいんげん豆などの豆類、納豆や豆腐、豆乳などの豆を使った加工品

**含まれる栄養素**

良質たんぱく質、脂質、カルシウム、鉄、ビタミンA、ビタミン$B_1$、ビタミン$B_2$、食物繊維

### 第4群

体を動かすエネルギーの源になる
糖質、脂質を多く含む食品群

*Point!*

やせたいときは、まっ先に減らしたくなる食品群ですが、最低限の量はきちんと食べましょう。

**おもな食材**

- ●穀類（ごはん、パン、めんなど） ●油脂類（植物油、バター、マヨネーズなど）●種実類（くるみ、ごまなど）●砂糖、はちみつ、ジャムなど ●嗜好品（菓子類、アルコール飲料などの飲料）●調味料（みそ、みりんなど）

**含まれる栄養素**

たんぱく質、脂質、炭水化物、鉄、ビタミン$B_1$、食物繊維

# 掲載料理の栄養価一覧

本書に掲載した料理の1人分の栄養価です。数値はあくまでも目安と考え、毎日の食事作りの参考としてください。

| 肉が主菜の献立 | | エネルギー | たんぱく質 | 脂質 | 炭水化物 | ミネラル | | | | ビタミン | | | | | コレステロール | 食物繊維総量 | 食塩相当量 | 四群別点数 | | | | |
| | | | | | | ナトリウム | カリウム | カルシウム | 鉄 | ビタミンA (レチノール当量) | ビタミンB₁ | ビタミンB₂ | 葉酸 | ビタミンC | | | | | | | | |
| 献立名 | 料理名 | kcal | g | g | g | mg | mg | mg | mg | μg | mg | mg | μg | mg | mg | g | g | 1群 | 2群 | 3群 | 4群 | 合計 |
|---|---|---|---|---|---|---|---|---|---|---|---|---|---|---|---|---|---|---|---|---|---|---|
| P14 豚肉のしょうが焼きのごはん | 豚肉のしょうが焼き | 264 | 15.7 | 19.1 | 5.7 | 463 | 369 | 10 | 0.7 | 17 | 0.54 | 0.21 | 14 | 32 | 52 | 1.0 | 1.1 | 0 | 2.2 | 0.1 | 1.1 | 3.4 |
| | ブロッコリーのマスタードあえ | 37 | 3.6 | 1.2 | 4.6 | 265 | 273 | 34 | 0.9 | 47 | 0.12 | 0.15 | 149 | 84 | 0 | 3.1 | 0.7 | 0 | 0 | 0.3 | 0.1 | 0.4 |
| | キャベツとじゃが芋のみそ汁 | 47 | 2.3 | 0.5 | 9.0 | 413 | 336 | 27 | 0.5 | 1 | 0.06 | 0.05 | 36 | 23 | 0 | 1.3 | 1.1 | 0 | 0 | 0.4 | 0.3 | 0.7 |
| | 胚芽精米ごはん | 251 | 4.1 | 0.9 | 54.6 | 2 | 77 | 8 | 0.3 | 0 | 0.12 | 0.02 | 9 | 0 | 0 | 1.2 | 0 | 0 | 0 | 0 | 3.1 | 3.1 |
| | 合計 | 599 | 25.7 | 21.7 | 73.9 | 1143 | 1055 | 79 | 2.4 | 65 | 0.84 | 0.43 | 208 | 139 | 52 | 6.6 | 2.9 | 0 | 2.2 | 0.8 | 4.6 | 7.6 |
| P16 レバーのいため物のごはん | レバーと小松菜のいため物 | 274 | 16.5 | 16.7 | 13.9 | 790 | 763 | 178 | 12.1 | 9360 | 0.34 | 2.66 | 686 | 54 | 175 | 2.3 | 1.9 | 0 | 1.1 | 0.3 | 2.0 | 3.4 |
| | トマトとレタスの酢の物 | 30 | 1.2 | 0.2 | 6.8 | 220 | 230 | 20 | 0.4 | 49 | 0.06 | 0.05 | 58 | 15 | 0 | 1.2 | 0.6 | 0 | 0 | 0 | 0.2 | 0.2 |
| | もずくスープ | 21 | 0.4 | 1.4 | 2.1 | 394 | 31 | 13 | 0.4 | 6 | 0.01 | 0.01 | 7 | 1 | 0 | 1.0 | 1.0 | 0 | 0 | 0 | 0.2 | 0.2 |
| | 胚芽精米ごはん | 251 | 4.1 | 0.9 | 54.6 | 2 | 77 | 8 | 0.3 | 0 | 0.12 | 0.02 | 9 | 0 | 0 | 1.2 | 0 | 0 | 0 | 0 | 3.1 | 3.1 |
| | 合計 | 576 | 22.2 | 19.2 | 77.4 | 1406 | 1101 | 219 | 13.2 | 9415 | 0.53 | 2.74 | 760 | 70 | 175 | 5.5 | 3.5 | 0 | 1.1 | 0.5 | 5.4 | 7.0 |
| P18 牛肉の八幡巻きのごはん | 牛肉の八幡巻き | 201 | 18.8 | 8.0 | 13.5 | 437 | 444 | 24 | 2.6 | 1 | 0.10 | 0.20 | 37 | 2 | 52 | 2.3 | 1.1 | 0 | 1.4 | 0.3 | 0.9 | 2.6 |
| | 根三つ葉のわさび漬けあえ | 38 | 3.0 | 0.2 | 7.4 | 401 | 534 | 58 | 2.0 | 140 | 0.06 | 0.16 | 72 | 22 | 0 | 3.2 | 1.0 | 0 | 0 | 0 | 0.6 | 0.6 |
| | わかめと竹の子のすまし汁 | 15 | 1.8 | 0.1 | 3.1 | 465 | 372 | 33 | 0.3 | 0 | 0.04 | 0.08 | 25 | 6 | 0 | 1.5 | 1.2 | 0 | 0 | 0.1 | 0.1 | 0.2 |
| | 胚芽精米ごはん | 251 | 4.1 | 0.9 | 54.6 | 2 | 77 | 8 | 0.3 | 0 | 0.12 | 0.02 | 9 | 0 | 0 | 1.2 | 0 | 0 | 0 | 0 | 3.1 | 3.1 |
| | 合計 | 505 | 27.7 | 9.2 | 78.6 | 1305 | 1427 | 123 | 5.2 | 163 | 0.32 | 0.46 | 143 | 30 | 52 | 8.2 | 3.3 | 0 | 1.4 | 0.4 | 4.2 | 6.5 |
| P20 ロベール風煮込みのごはん | 豚肉のロベール風煮込み | 261 | 14.9 | 17.9 | 8.4 | 250 | 477 | 20 | 0.9 | 12 | 0.55 | 0.21 | 23 | 2 | 56 | 1.7 | 0.6 | 0 | 2.5 | 0.4 | 0.4 | 3.3 |
| | にんじんサラダ | 55 | 1.9 | 2.8 | 6.4 | 132 | 338 | 48 | 1.3 | 412 | 0.06 | 0.12 | 43 | 9 | 0 | 2.6 | 0.3 | 0 | 0 | 0.3 | 0.4 | 0.7 |
| | きのこのスープ | 116 | 4.6 | 7.1 | 10.7 | 575 | 314 | 76 | 0.4 | 40 | 0.15 | 0.19 | 32 | 2 | 17 | 2.3 | 1.5 | 0.5 | 0.3 | 0.3 | 0.5 | 1.6 |
| | フランスパン | 140 | 4.7 | 0.7 | 28.8 | 310 | 55 | 8 | 0.5 | 0 | 0.04 | 0.03 | 17 | 0 | 0 | 1.4 | 0.8 | 0 | 0 | 0 | 1.8 | 1.8 |
| | 合計 | 572 | 26.1 | 28.5 | 54.3 | 1267 | 1184 | 151 | 3.1 | 484 | 0.80 | 0.55 | 115 | 36 | 73 | 7.9 | 3.2 | 0.5 | 2.8 | 1.0 | 3.1 | 7.4 |
| P22 鶏肉のおでんのごはん | 鶏肉のおでん | 238 | 15.2 | 8.6 | 26.9 | 759 | 1390 | 103 | 1.5 | 360 | 0.40 | 0.22 | 119 | 40 | 55 | 6.4 | 1.9 | 0 | 1.6 | 1.2 | 0.3 | 3.1 |
| | 青梗菜のアボカドあえ | 78 | 2.0 | 6.6 | 4.5 | 414 | 485 | 81 | 1.2 | 139 | 0.06 | 0.15 | 89 | 24 | 0 | 2.9 | 1.1 | 0 | 0 | 0.9 | 0.1 | 1.0 |
| | 胚芽精米ごはん | 251 | 4.1 | 0.9 | 54.6 | 2 | 77 | 8 | 0.3 | 0 | 0.12 | 0.02 | 9 | 0 | 0 | 1.2 | 0 | 0 | 0 | 0 | 3.1 | 3.1 |
| | 合計 | 567 | 21.3 | 16.1 | 86.0 | 1175 | 1952 | 192 | 3.0 | 499 | 0.58 | 0.39 | 217 | 64 | 55 | 10.5 | 3.0 | 0 | 1.6 | 2.1 | 3.5 | 7.2 |
| P24 ポトフのごはん | ポトフ | 210 | 15.3 | 9.5 | 15.4 | 564 | 720 | 56 | 1.4 | 343 | 0.10 | 0.20 | 66 | 21 | 49 | 3.7 | 1.4 | 0 | 1.8 | 0.8 | 0 | 2.6 |
| | ひじきと豆のサラダ | 75 | 2.6 | 5.1 | 5.7 | 310 | 191 | 68 | 2.3 | 10 | 0.02 | 0.05 | 12 | 1 | 0 | 3.1 | 0.8 | 0 | 0 | 0.5 | 0.5 | 1.0 |
| | りんご | 38 | 0.1 | 0.1 | 10.2 | 0 | 77 | 2 | 0 | 1 | 0.01 | 0.01 | 4 | 3 | 0 | 1.1 | 0 | 0 | 0 | 0.5 | 0 | 0.5 |
| | 胚芽精米ごはん | 251 | 4.1 | 0.9 | 54.6 | 2 | 77 | 8 | 0.3 | 0 | 0.12 | 0.02 | 9 | 0 | 0 | 1.2 | 0 | 0 | 0 | 0 | 3.1 | 3.1 |
| | 合計 | 574 | 22.1 | 15.6 | 85.9 | 876 | 1065 | 134 | 4.0 | 354 | 0.25 | 0.28 | 91 | 25 | 49 | 9.1 | 2.2 | 0 | 2.1 | 3.6 | 7.2 | |
| P26 いりどりのごはん | いりどり | 235 | 11.7 | 11.8 | 23.3 | 797 | 688 | 48 | 1.0 | 192 | 0.13 | 0.21 | 62 | 18 | 49 | 5.6 | 2.0 | 0 | 1.3 | 0.8 | 1.0 | 3.1 |
| | 白菜の甘酢あえ | 50 | 1.5 | 2.6 | 7.9 | 124 | 306 | 43 | 0.6 | 8 | 0.09 | 0.07 | 80 | 19 | 0 | 2.0 | 0.3 | 0 | 0 | 0.3 | 0.3 | 0.6 |
| | かきたま汁 | 49 | 3.8 | 2.2 | 2.2 | 322 | 157 | 20 | 0.5 | 41 | 0.03 | 0.11 | 16 | 1 | 105 | 0.4 | 0.9 | 0 | 0 | 0 | 0.6 | 0.6 |
| | 胚芽精米ごはん | 251 | 4.1 | 0.9 | 54.6 | 2 | 77 | 8 | 0.3 | 0 | 0.12 | 0.02 | 9 | 0 | 0 | 1.2 | 0 | 0 | 0 | 0 | 3.1 | 3.1 |
| | 合計 | 585 | 21.1 | 17.5 | 88.0 | 1245 | 1228 | 120 | 2.4 | 241 | 0.37 | 0.43 | 167 | 38 | 154 | 9.2 | 3.2 | 0.5 | 1.3 | 1.1 | 4.5 | 7.4 |
| P28 から揚げのごはん | 鶏のから揚げ | 228 | 13.7 | 14.5 | 8.9 | 378 | 297 | 9 | 0.6 | 38 | 0.07 | 0.16 | 16 | 11 | 78 | 0.6 | 0.9 | 0 | 2.0 | 0.1 | 0.9 | 3.0 |
| | ゆず大根 | 25 | 0.5 | 0.1 | 6.1 | 384 | 255 | 26 | 0.2 | 1 | 0.03 | 0.04 | 35 | 18 | 0 | 2.1 | 0.9 | 0 | 0 | 0.2 | 0.1 | 0.3 |
| | にらともやしとわかめのスープ | 26 | 1.6 | 1.1 | 3.6 | 667 | 285 | 33 | 0.4 | 74 | 0.04 | 0.05 | 36 | 8 | 0 | 1.4 | 1.7 | 0 | 0 | 0 | 0.2 | 0.3 |
| | 胚芽精米ごはん | 251 | 4.1 | 0.9 | 54.6 | 2 | 77 | 8 | 0.3 | 0 | 0.12 | 0.02 | 9 | 0 | 0 | 1.2 | 0 | 0 | 0 | 0 | 3.1 | 3.1 |
| | 合計 | 530 | 19.9 | 16.6 | 73.2 | 1431 | 914 | 76 | 1.5 | 113 | 0.26 | 0.27 | 96 | 37 | 78 | 6.4 | 3.5 | 0 | 2.0 | 0.4 | 4.3 | 6.7 |

APPENDIX
Nutrition Value List

| 魚が主菜の献立 | | エネルギー | たんぱく質 | 脂質 | 炭水化物 | ミネラル | | | | ビタミン | | | | | コレステロール | 食物繊維総量 | 食塩相当量 | 四群別点数 | | | | |
|---|---|---|---|---|---|---|---|---|---|---|---|---|---|---|---|---|---|---|---|---|---|---|
| | | | | | | ナトリウム | カリウム | カルシウム | 鉄 | ビタミンA (レチノール当量) | ビタミンB₁ | ビタミンB₂ | 葉酸 | ビタミンC | | | | | | | | |
| 献立名 | 料理名 | kcal | g | g | g | mg | mg | mg | mg | μg | mg | mg | μg | mg | mg | g | g | 1群 | 2群 | 3群 | 4群 | 合計 |
| P32 サケのムニエルのごはん | サケのムニエル | 226 | 19.1 | 9.9 | 13.5 | 350 | 503 | 17 | 0.7 | 27 | 0.18 | 0.19 | 29 | 21 | 54 | 0.9 | 0.9 | 0 | 1.3 | 0.5 | 1.0 | 2.8 |
| | アスパラガスのヨーグルトあえ | 37 | 3.4 | 0.8 | 5.5 | 273 | 312 | 44 | 0.3 | 38 | 0.15 | 0.18 | 192 | 15 | 2 | 1.8 | 0.7 | 0.2 | 0 | 0.3 | 0 | 0.5 |
| | 白菜のスープ煮 | 20 | 1.1 | 0.2 | 4.5 | 397 | 289 | 56 | 0.4 | 10 | 0.04 | 0.04 | 79 | 25 | 0 | 1.7 | 1.0 | 0 | 0 | 0.2 | 0 | 0.2 |
| | 胚芽精米ごはん | 251 | 4.1 | 0.9 | 54.6 | 2 | 77 | 8 | 0.3 | 0 | 0.12 | 0.02 | 9 | 0 | 0 | 1.2 | 0 | 0 | 0 | 0 | 3.1 | 3.1 |
| | 合計 | 534 | 27.7 | 11.8 | 78.1 | 1022 | 1181 | 125 | 2.1 | 75 | 0.49 | 0.43 | 309 | 61 | 56 | 5.6 | 2.6 | 0.2 | 1.3 | 1.0 | 4.1 | 6.6 |
| P34 ムツの煮つけのごはん | ムツの煮つけ | 214 | 17.8 | 12.7 | 6.3 | 515 | 513 | 67 | 0.8 | 38 | 0.05 | 0.20 | 22 | 1 | 59 | 1.9 | 1.3 | 0 | 2.4 | 0.1 | 0.3 | 2.8 |
| | 春菊と黄菊のお浸しごま風味 | 42 | 2.9 | 1.9 | 5.0 | 232 | 439 | 136 | 1.8 | 305 | 0.11 | 0.16 | 169 | 17 | 0 | 3.4 | 0.6 | 0 | 0 | 0.5 | 0 | 0.5 |
| | 里芋とごぼうのみそ汁 | 50 | 2.2 | 0.5 | 9.8 | 390 | 376 | 28 | 0.6 | 0 | 0.05 | 0.04 | 34 | 2 | 0 | 2.6 | 1.0 | 0 | 0 | 0.7 | 0 | 0.7 |
| | みかん | 41 | 0.6 | 0.1 | 10.8 | 1 | 135 | 19 | 0.2 | 76 | 0.09 | 0.03 | 20 | 29 | 0 | 0.9 | 0 | 0 | 0 | 0.5 | 0 | 0.5 |
| | 胚芽精米ごはん | 251 | 4.1 | 0.9 | 54.6 | 2 | 77 | 8 | 0.3 | 0 | 0.12 | 0.02 | 9 | 0 | 0 | 1.2 | 0 | 0 | 0 | 0 | 3.1 | 3.1 |
| | 合計 | 598 | 27.6 | 16.1 | 86.5 | 1140 | 1540 | 258 | 3.7 | 419 | 0.42 | 0.45 | 254 | 49 | 59 | 10.0 | 2.9 | 0 | 2.4 | 1.4 | 3.8 | 7.6 |
| P36 アジの梅干し煮のごはん | アジの梅干し煮 | 88 | 13.2 | 2.2 | 4.0 | 670 | 257 | 28 | 0.6 | 10 | 0.06 | 0.13 | 11 | 0 | 46 | 0.7 | 1.7 | 0 | 0.9 | 0 | 0.2 | 1.1 |
| | ピーマンの焼き浸し | 19 | 1.2 | 0.2 | 4.2 | 176 | 164 | 11 | 0.4 | 42 | 0.03 | 0.04 | 34 | 55 | 0 | 1.9 | 0.4 | 0 | 0 | 0.2 | 0 | 0.2 |
| | かぼちゃのきんぴら | 86 | 1.0 | 4.2 | 11.7 | 29 | 228 | 8 | 0.3 | 165 | 0.04 | 0.05 | 21 | 22 | 0 | 1.8 | 0.1 | 0 | 0 | 0.6 | 0.5 | 1.1 |
| | 胚芽精米ごはん | 251 | 4.1 | 0.9 | 54.6 | 2 | 77 | 8 | 0.3 | 0 | 0.12 | 0.02 | 9 | 0 | 0 | 1.2 | 0 | 0 | 0 | 0 | 3.1 | 3.1 |
| | 合計 | 444 | 19.5 | 7.5 | 74.5 | 877 | 726 | 55 | 1.6 | 217 | 0.25 | 0.24 | 75 | 77 | 46 | 5.6 | 2.2 | 0 | 0.9 | 0.8 | 3.8 | 5.5 |
| P38 サワラの幽庵焼きのごはん | サワラの幽庵焼き | 159 | 17.3 | 7.8 | 3.9 | 510 | 507 | 18 | 0.9 | 10 | 0.09 | 0.32 | 28 | 16 | 48 | 0.6 | 1.3 | 0 | 1.8 | 0.1 | 0.2 | 2.1 |
| | せりのナムル | 70 | 2.8 | 5.2 | 4.3 | 190 | 449 | 64 | 1.9 | 170 | 0.06 | 0.15 | 120 | 22 | 0 | 2.9 | 0.4 | 0 | 0 | 0.6 | 0.8 | 0.8 |
| | さつま芋とねぎのみそ汁 | 77 | 2.1 | 0.6 | 16.3 | 455 | 368 | 36 | 0.6 | 1 | 0.07 | 0.05 | 38 | 14 | 0 | 1.8 | 1.2 | 0 | 0 | 0.7 | 0.2 | 0.9 |
| | 胚芽精米ごはん | 251 | 4.1 | 0.9 | 54.6 | 2 | 77 | 8 | 0.3 | 0 | 0.12 | 0.02 | 9 | 0 | 0 | 1.2 | 0 | 0 | 0 | 0 | 3.1 | 3.1 |
| | 合計 | 557 | 26.3 | 14.5 | 79.1 | 1157 | 1401 | 126 | 3.7 | 181 | 0.34 | 0.54 | 195 | 52 | 48 | 6.5 | 2.9 | 0 | 1.8 | 1.0 | 4.1 | 6.9 |
| P40 寄せなべのごはん | 寄せなべ | 376 | 28.6 | 6.5 | 52.3 | 1090 | 1153 | 188 | 2.5 | 264 | 0.37 | 0.42 | 198 | 33 | 173 | 5.5 | 2.8 | 0.5 | 1.4 | 0.6 | 2.4 | 4.9 |
| | さつま芋のレモン煮 | 125 | 0.9 | 0.2 | 30.4 | 81 | 356 | 30 | 0.5 | 2 | 0.08 | 0.02 | 37 | 23 | 0 | 1.7 | 0.2 | 0 | 0 | 1.2 | 0.3 | 1.5 |
| | 合計 | 501 | 29.5 | 6.7 | 82.7 | 1171 | 1509 | 218 | 3.0 | 266 | 0.45 | 0.44 | 235 | 56 | 173 | 7.2 | 3.0 | 0.5 | 1.4 | 1.8 | 2.7 | 6.4 |
| P42 アジの酢じめのごはん | アジの酢じめ | 66 | 10.6 | 1.8 | 1.0 | 269 | 225 | 19 | 0.4 | 13 | 0.06 | 0.11 | 11 | 2 | 39 | 0.2 | 0.7 | 0 | 0.8 | 0.1 | 0 | 0.9 |
| | がんもどきとなすといんげんの煮物 | 219 | 10.7 | 15.2 | 12.3 | 631 | 304 | 184 | 2.5 | 11 | 0.07 | 0.09 | 42 | 4 | 1 | 2.6 | 1.6 | 0 | 1.5 | 0.2 | 1.0 | 2.7 |
| | せん切り野菜のすまし汁 | 25 | 0.8 | 0.1 | 5.6 | 427 | 253 | 15 | 0.2 | 68 | 0.03 | 0.02 | 17 | 5 | 0 | 1.0 | 1.1 | 0 | 0 | 0.2 | 0 | 0.2 |
| | 胚芽精米ごはん | 251 | 4.1 | 0.9 | 54.6 | 2 | 77 | 8 | 0.3 | 0 | 0.12 | 0.02 | 9 | 0 | 0 | 1.2 | 0 | 0 | 0 | 0 | 3.1 | 3.1 |
| | 合計 | 561 | 26.2 | 18.0 | 73.5 | 1329 | 859 | 226 | 3.4 | 92 | 0.28 | 0.24 | 79 | 11 | 40 | 5.0 | 3.4 | 0 | 2.3 | 0.5 | 4.1 | 6.9 |
| P44 イカの五目いためのごはん | イカの五目いため | 200 | 14.9 | 9.1 | 16.4 | 536 | 458 | 30 | 0.5 | 166 | 0.10 | 0.13 | 38 | 11 | 190 | 3.7 | 1.4 | 0 | 0.8 | 0.5 | 1.3 | 2.6 |
| | 青梗菜のお浸し | 24 | 3.4 | 0.2 | 2.6 | 392 | 314 | 103 | 1.5 | 171 | 0.05 | 0.10 | 69 | 24 | 6 | 1.2 | 1.0 | 0 | 0.1 | 0.1 | 0 | 0.3 |
| | 大根と干しエビのスープ | 30 | 1.8 | 1.1 | 3.2 | 288 | 136 | 226 | 0.6 | 1 | 0.02 | 0.01 | 20 | 6 | 16 | 0.8 | 1.2 | 0 | 0.1 | 0.1 | 0 | 0.4 |
| | 胚芽精米ごはん | 251 | 4.1 | 0.9 | 54.6 | 2 | 77 | 8 | 0.3 | 0 | 0.12 | 0.02 | 9 | 0 | 0 | 1.2 | 0 | 0 | 0 | 0 | 3.1 | 3.1 |
| | 合計 | 505 | 24.2 | 11.3 | 76.8 | 1218 | 985 | 367 | 2.9 | 338 | 0.29 | 0.26 | 136 | 41 | 212 | 6.9 | 3.1 | 0 | 1.0 | 0.7 | 4.7 | 6.4 |
| P46 サバのみそ煮のごはん | サバのみそ煮 | 210 | 18.2 | 10.3 | 9.9 | 690 | 329 | 24 | 1.4 | 19 | 0.13 | 0.24 | 15 | 0 | 51 | 0.6 | 1.8 | 0 | 2.0 | 0 | 0.6 | 2.6 |
| | ささ身ときゅうりのおろしあえ | 44 | 4.1 | 0.2 | 6.5 | 257 | 344 | 30 | 0.3 | 8 | 0.04 | 0.03 | 41 | 15 | 10 | 1.6 | 0.6 | 0 | 0.2 | 0.2 | 0.1 | 0.6 |
| | けんちん汁 | 70 | 3.1 | 3.1 | 7.8 | 351 | 414 | 56 | 0.5 | 102 | 0.07 | 0.05 | 34 | 6 | 0 | 1.9 | 0.9 | 0 | 0.2 | 0.5 | 0.3 | 0.9 |
| | 胚芽精米ごはん | 251 | 4.1 | 0.9 | 54.6 | 2 | 77 | 8 | 0.3 | 0 | 0.12 | 0.02 | 9 | 0 | 0 | 1.2 | 0 | 0 | 0 | 0 | 3.1 | 3.1 |
| | 合計 | 575 | 29.5 | 14.5 | 78.8 | 1300 | 1164 | 118 | 2.5 | 129 | 0.36 | 0.34 | 99 | 21 | 61 | 5.3 | 3.3 | 0 | 2.4 | 0.7 | 4.1 | 7.2 |

| 大豆製品・卵が主菜の献立 | 料理名 | エネルギー | たんぱく質 | 脂質 | 炭水化物 | ミネラル ナトリウム | カリウム | カルシウム | 鉄 | ビタミンA (レチノール当量) | ビタミンB1 | ビタミンB2 | 葉酸 | ビタミンC | コレステロール | 食物繊維総量 | 食塩相当量 | 四群別点数 1群 | 2群 | 3群 | 4群 | 合計 |
|---|---|---|---|---|---|---|---|---|---|---|---|---|---|---|---|---|---|---|---|---|---|---|
| 献立名 | | kcal | g | g | g | mg | mg | mg | mg | μg | mg | mg | μg | mg | mg | g | g | | | | | |
| **P50** 豆腐の五目あんかけのごはん | 豆腐の五目あんかけ | 140 | 15.1 | 3.4 | 13.0 | 472 | 517 | 60 | 1.1 | 119 | 0.17 | 0.12 | 34 | 6 | 27 | 1.2 | 1.2 | 0 | 1.2 | 0.2 | 0.3 | 1.7 |
| | きのこのみそバターホイル焼き | 81 | 4.0 | 4.8 | 10.4 | 373 | 382 | 15 | 1.0 | 27 | 0.18 | 0.19 | 69 | 10 | 11 | 4.4 | 0.9 | 0 | 0 | 0.3 | 0.7 | 1.0 |
| | さつま芋とプルーンのレモン煮 | 116 | 1.0 | 0.1 | 28.7 | 120 | 332 | 28 | 0.5 | 12 | 0.07 | 0.03 | 30 | 18 | 0 | 2.1 | 0.3 | 0 | 0 | 1.3 | 0.2 | 1.5 |
| | 胚芽精米ごはん | 251 | 4.1 | 0.9 | 54.6 | 2 | 77 | 8 | 0.3 | 0 | 0.12 | 0.02 | 9 | 0 | 0 | 1.2 | 0 | 0 | 0 | 0 | 3.1 | 3.1 |
| | 合計 | 588 | 24.2 | 9.2 | 106.7 | 967 | 1308 | 111 | 2.9 | 158 | 0.54 | 0.36 | 142 | 34 | 38 | 8.9 | 2.4 | 0 | 1.2 | 1.8 | 4.3 | 7.3 |
| **P52** 麻婆豆腐のごはん | 麻婆豆腐 | 214 | 12.1 | 13.9 | 9.4 | 769 | 296 | 138 | 1.7 | 5 | 0.21 | 0.09 | 24 | 2 | 15 | 1.4 | 1.9 | 0 | 1.5 | 0.1 | 1.1 | 2.7 |
| | にらのお浸し | 16 | 1.2 | 0.4 | 2.4 | 177 | 278 | 31 | 0.5 | 145 | 0.04 | 0.07 | 52 | 10 | 0 | 1.4 | 0.5 | 0 | 0 | 0.1 | 0 | 0.1 |
| | かぼちゃとれんこんのみそ汁 | 57 | 2.5 | 0.5 | 11.3 | 418 | 384 | 24 | 0.5 | 66 | 0.07 | 0.05 | 22 | 24 | 0 | 1.8 | 1.1 | 0 | 0 | 0.5 | 0.3 | 0.8 |
| | 胚芽精米ごはん | 251 | 4.1 | 0.9 | 54.6 | 2 | 77 | 8 | 0.3 | 0 | 0.12 | 0.02 | 9 | 0 | 0 | 1.2 | 0 | 0 | 0 | 0 | 3.1 | 3.1 |
| | 合計 | 538 | 19.9 | 15.7 | 77.7 | 1366 | 1035 | 201 | 3.0 | 216 | 0.44 | 0.23 | 107 | 36 | 15 | 5.8 | 3.5 | 0 | 1.5 | 0.7 | 4.5 | 6.7 |
| **P54** 肉豆腐のごはん | 肉豆腐 | 202 | 11.1 | 12.0 | 11.9 | 570 | 419 | 50 | 1.0 | 106 | 0.32 | 0.12 | 28 | 7 | 19 | 1.5 | 1.5 | 0 | 1.5 | 0.3 | 0.8 | 2.6 |
| | さやいんげんのピーナッツあえ | 95 | 4.2 | 5.1 | 9.1 | 359 | 268 | 40 | 0.7 | 34 | 0.06 | 0.09 | 45 | 6 | 0 | 2.3 | 0.9 | 0 | 0 | 0.2 | 1.1 | 1.3 |
| | かぶの即席漬け | 9 | 0.5 | 0 | 1.9 | 243 | 112 | 33 | 0.3 | 23 | 0.02 | 0.03 | 26 | 14 | 0 | 0.7 | 0.6 | 0 | 0 | 0.1 | 0 | 0.1 |
| | 胚芽精米ごはん | 251 | 4.1 | 0.9 | 54.6 | 2 | 77 | 8 | 0.3 | 0 | 0.12 | 0.02 | 9 | 0 | 0 | 1.2 | 0 | 0 | 0 | 0 | 3.1 | 3.1 |
| | 合計 | 557 | 19.9 | 18.0 | 77.5 | 1174 | 876 | 131 | 2.3 | 163 | 0.52 | 0.26 | 108 | 27 | 19 | 5.7 | 3.0 | 0 | 1.5 | 0.6 | 5.0 | 7.1 |
| **P56** ゴーヤーチャンプルーのごはん | ゴーヤーチャンプルー | 212 | 15.1 | 13.9 | 5.8 | 486 | 434 | 30 | 1.8 | 101 | 0.33 | 0.25 | 68 | 25 | 123 | 1.8 | 1.2 | 0.5 | 1.3 | 0.2 | 0.8 | 2.8 |
| | 長芋の酢じょうゆかけ | 54 | 2.0 | 0.3 | 11.2 | 205 | 339 | 18 | 0.7 | 7 | 0.08 | 0.02 | 8 | 5 | 0 | 0.9 | 0.5 | 0 | 0 | 0.6 | 0 | 0.6 |
| | とうがんとみょうがのみそ汁 | 29 | 1.9 | 0.6 | 4.6 | 493 | 250 | 26 | 0.5 | 0 | 0.03 | 0.03 | 23 | 20 | 0 | 1.3 | 1.3 | 0 | 0 | 0.1 | 0.2 | 0.3 |
| | 胚芽精米ごはん | 251 | 4.1 | 0.9 | 54.6 | 2 | 77 | 8 | 0.3 | 0 | 0.12 | 0.02 | 9 | 0 | 0 | 1.2 | 0 | 0 | 0 | 0 | 3.1 | 3.1 |
| | 合計 | 546 | 23.1 | 15.7 | 76.2 | 1186 | 1100 | 173 | 3.3 | 108 | 0.56 | 0.33 | 108 | 50 | 123 | 5.2 | 3.0 | 0.5 | 1.3 | 0.9 | 4.1 | 6.8 |
| **P58** 厚揚げのみそいためのごはん | 厚揚げのみそいため | 244 | 11.5 | 18.1 | 8.6 | 518 | 351 | 194 | 2.6 | 16 | 0.14 | 0.09 | 52 | 20 | 8 | 2.9 | 1.3 | 0 | 1.8 | 0.4 | 1.0 | 3.2 |
| | 二十日大根とセロリとわかめの甘酢あえ | 16 | 0.9 | 0.1 | 4.1 | 288 | 318 | 36 | 0.3 | 17 | 0.03 | 0.05 | 26 | 10 | 0 | 1.4 | 0.7 | 0 | 0 | 0.1 | 0 | 0.1 |
| | 春雨スープ | 77 | 1.7 | 3.1 | 10.5 | 396 | 72 | 18 | 0.4 | 83 | 0.02 | 0.06 | 13 | 2 | 42 | 0.6 | 1.0 | 0.2 | 0 | 0.4 | 0.3 | 0.9 |
| | 胚芽精米ごはん | 251 | 4.1 | 0.9 | 54.6 | 2 | 77 | 8 | 0.3 | 0 | 0.12 | 0.02 | 9 | 0 | 0 | 1.2 | 0 | 0 | 0 | 0 | 3.1 | 3.1 |
| | 合計 | 588 | 18.2 | 22.2 | 77.8 | 1204 | 818 | 256 | 3.6 | 116 | 0.31 | 0.22 | 100 | 32 | 50 | 6.1 | 3.0 | 0.2 | 1.8 | 0.9 | 4.5 | 7.4 |
| **P60** カニ玉のごはん | カニ玉 | 265 | 14.5 | 19.4 | 5.9 | 640 | 167 | 63 | 1.7 | 109 | 0.09 | 0.34 | 45 | 3 | 315 | 1.0 | 1.7 | 1.3 | 0.3 | 0.1 | 1.5 | 3.2 |
| | 小松菜の煮浸し | 28 | 4.0 | 3.0 | 3.0 | 343 | 587 | 199 | 2.9 | 272 | 0.11 | 0.15 | 115 | 39 | 0 | 1.9 | 0.6 | 0 | 0 | 0.3 | 0 | 0.3 |
| | きゅうりの辛味漬け | 20 | 1.0 | 0.1 | 4.3 | 172 | 173 | 22 | 0.3 | 23 | 0.03 | 0.03 | 21 | 11 | 0 | 0.9 | 0.4 | 0 | 0 | 0.1 | 0 | 0.2 |
| | 胚芽精米ごはん | 251 | 4.1 | 0.9 | 54.6 | 2 | 77 | 8 | 0.3 | 0 | 0.12 | 0.02 | 9 | 0 | 0 | 1.2 | 0 | 0 | 0 | 0 | 3.1 | 3.1 |
| | 合計 | 564 | 23.6 | 20.8 | 67.8 | 1157 | 1004 | 292 | 5.2 | 404 | 0.35 | 0.54 | 190 | 53 | 335 | 5.0 | 2.9 | 1.3 | 0.4 | 0.4 | 4.7 | 6.8 |
| **P62** 袋卵のごはん | 袋卵 | 157 | 10.4 | 9.5 | 7.6 | 469 | 298 | 111 | 2.1 | 189 | 0.08 | 0.29 | 84 | 6 | 210 | 1.1 | 1.2 | 1.0 | 0.6 | 0.1 | 0.2 | 2.0 |
| | きくらげ入り野菜いため | 68 | 2.2 | 5.0 | 5.6 | 539 | 219 | 70 | 0.8 | 120 | 0.06 | 0.09 | 51 | 12 | 0 | 3.2 | 1.4 | 0 | 0 | 0.3 | 0.7 | 1.0 |
| | さつま芋のバター焼き | 75 | 0.5 | 2.5 | 12.6 | 24 | 189 | 17 | 0.3 | 16 | 0.04 | 0.01 | 20 | 12 | 6 | 0.9 | 0.1 | 0 | 0 | 0.7 | 0.3 | 1.0 |
| | 胚芽精米ごはん | 251 | 4.1 | 0.9 | 54.6 | 2 | 77 | 8 | 0.3 | 0 | 0.12 | 0.02 | 9 | 0 | 0 | 1.2 | 0 | 0 | 0 | 0 | 3.1 | 3.1 |
| | 合計 | 551 | 17.2 | 17.9 | 80.4 | 1034 | 783 | 206 | 4.7 | 325 | 0.30 | 0.41 | 164 | 30 | 216 | 6.4 | 2.7 | 1.0 | 0.6 | 1.1 | 4.4 | 7.1 |
| **P64** スペイン風オムレツのごはん | スペイン風オムレツ | 211 | 7.9 | 13.6 | 13.4 | 258 | 346 | 40 | 1.3 | 95 | 0.09 | 0.26 | 44 | 24 | 211 | 1.9 | 0.7 | 1.1 | 0 | 0.7 | 1.0 | 2.8 |
| | パプリカのマリネ | 38 | 0.8 | 1.5 | 6.2 | 390 | 186 | 5 | 0.2 | 47 | 0.05 | 0.08 | 55 | 144 | 0 | 1.3 | 1.0 | 0 | 0 | 0.2 | 0.4 | 0.6 |
| | 野菜ミルクスープ | 124 | 4.1 | 8.4 | 8.5 | 295 | 294 | 112 | 0.3 | 31 | 0.08 | 0.14 | 49 | 25 | 12 | 1.4 | 0.7 | 0.6 | 0.3 | 0.3 | 0.4 | 1.6 |
| | フランスパン | 140 | 4.7 | 0.7 | 28.8 | 310 | 55 | 8 | 0.5 | 0 | 0.04 | 0.03 | 17 | 0 | 0 | 1.4 | 0.8 | 0 | 0 | 0 | 1.8 | 1.8 |
| | 合計 | 513 | 17.5 | 24.2 | 56.9 | 1253 | 881 | 167 | 2.3 | 173 | 0.26 | 0.51 | 165 | 193 | 223 | 6.0 | 3.2 | 1.7 | 0.3 | 1.4 | 3.4 | 6.8 |

APPENDIX
Nutrition Value List

## ごはんの献立

| 献立名 | 料理名 | エネルギー (kcal) | たんぱく質 (g) | 脂質 (g) | 炭水化物 (g) | ナトリウム (mg) | カリウム (mg) | カルシウム (mg) | 鉄 (mg) | ビタミンA (レチノール当量) (μg) | ビタミンB1 (mg) | ビタミンB2 (mg) | 葉酸 (μg) | ビタミンC (mg) | コレステロール (mg) | 食物繊維総量 (g) | 食塩相当量 (g) | 1群 | 2群 | 3群 | 4群 | 合計 |
|---|---|---|---|---|---|---|---|---|---|---|---|---|---|---|---|---|---|---|---|---|---|---|
| P68 親子どんぶり | 親子どんぶり | 444 | 19.9 | 10.8 | 65.5 | 915 | 443 | 53 | 1.7 | 113 | 0.21 | 0.32 | 58 | 6 | 242 | 2.1 | 2.4 | 1.0 | 1.0 | 0.2 | 3.4 | 5.6 |
| | 菜の花のからしあえ | 37 | 4.4 | 0.5 | 5.7 | 274 | 380 | 81 | 0.9 | 176 | 0.10 | 0.21 | 194 | 88 | 2 | 3.0 | 0.7 | 0 | 0 | 0.4 | 0 | 0.4 |
| | ミルク入りくずもち | 115 | 3.2 | 2.7 | 20.3 | 15 | 164 | 54 | 0.7 | 13 | 0.06 | 0.07 | 16 | 0 | 4 | 1.0 | 0 | 0.3 | 0.3 | 0 | 0.8 | 1.4 |
| | 合計 | 596 | 27.5 | 14.0 | 91.5 | 1204 | 987 | 188 | 3.3 | 302 | 0.37 | 0.60 | 268 | 94 | 248 | 6.1 | 3.1 | 1.3 | 1.3 | 0.6 | 4.2 | 7.4 |
| P70 イワシの蒲焼きどんぶり | イワシの蒲焼きどんぶり | 472 | 16.3 | 14.6 | 66.7 | 582 | 383 | 55 | 1.7 | 32 | 0.16 | 0.24 | 27 | 23 | 35 | 2.3 | 1.5 | 0 | 1.5 | 0.2 | 4.3 | 6.0 |
| | たたきごぼう | 82 | 2.3 | 2.8 | 13.2 | 182 | 224 | 89 | 1.0 | 0 | 0.06 | 0.04 | 49 | 2 | 0 | 4.1 | 0.4 | 0 | 0 | 0.5 | 0.5 | 1.0 |
| | オクラとじゃが芋のみそ汁 | 38 | 2.2 | 0.5 | 6.9 | 402 | 286 | 32 | 0.5 | 11 | 0.06 | 0.05 | 33 | 9 | 0 | 1.6 | 1.0 | 0 | 0 | 0.3 | 0.3 | 0.6 |
| | 合計 | 592 | 20.8 | 17.9 | 86.8 | 1166 | 893 | 176 | 3.2 | 43 | 0.28 | 0.33 | 109 | 34 | 35 | 8.0 | 2.9 | 0 | 1.5 | 1.0 | 5.1 | 7.6 |
| P72 鶏そぼろどんぶり | 鶏そぼろどんぶり | 457 | 23.2 | 11.1 | 62.4 | 612 | 333 | 44 | 2.1 | 99 | 0.21 | 0.37 | 37 | 0 | 255 | 1.4 | 1.6 | 1.0 | 1.3 | 0.1 | 3.6 | 6.0 |
| | キャベツときゅうりのごま酢あえ | 77 | 2.5 | 3.4 | 10.6 | 335 | 225 | 42 | 0.4 | 10 | 0.04 | 0.04 | 70 | 36 | 0 | 1.7 | 0.3 | 0 | 0.2 | 0.1 | 0.6 | 0.9 |
| | 豆腐とわかめのすまし汁 | 25 | 2.5 | 0.9 | 2.1 | 330 | 230 | 35 | 0.4 | 24 | 0.06 | 0.05 | 14 | 1 | 0 | 0.6 | 0.8 | 0 | 0 | 0.2 | 0.1 | 0.3 |
| | いちご | 20 | 0.5 | 0.1 | 5.1 | 0 | 102 | 10 | 0.2 | 1 | 0.02 | 0.01 | 54 | 37 | 0 | 0.8 | 0 | 0 | 0 | 0 | 0 | 0.3 |
| | 合計 | 579 | 28.7 | 15.5 | 80.2 | 1277 | 890 | 131 | 3.1 | 134 | 0.33 | 0.47 | 175 | 74 | 255 | 4.7 | 3.3 | 1.0 | 1.5 | 0.4 | 4.3 | 7.5 |
| P74 オムライス | オムライス | 502 | 16.9 | 19.3 | 61.2 | 708 | 364 | 44 | 1.7 | 90 | 0.23 | 0.32 | 46 | 6 | 238 | 2.5 | 1.8 | 0.2 | 0.4 | 4.7 | 6.3 |
| | 海藻と野菜のサラダ | 37 | 1.6 | 1.2 | 7.1 | 298 | 315 | 78 | 1.9 | 78 | 0.05 | 0.07 | 45 | 19 | 0 | 2.7 | 0.8 | 0 | 0 | 0 | 0.4 | 0.4 |
| | かぶのスープ | 55 | 1.3 | 3.1 | 5.8 | 366 | 238 | 50 | 0.3 | 33 | 0.03 | 0.05 | 37 | 16 | 8 | 1.3 | 0.9 | 0.1 | 0.2 | 0 | 0.3 | 0.6 |
| | 合計 | 594 | 19.8 | 23.6 | 74.1 | 1372 | 917 | 172 | 3.9 | 201 | 0.31 | 0.44 | 128 | 41 | 246 | 6.5 | 3.5 | 1.1 | 0.9 | 0.2 | 5.2 | 7.3 |
| P76 ちらしずし | ちらしずし | 403 | 15.7 | 10.6 | 59.4 | 643 | 287 | 134 | 1.6 | 364 | 0.32 | 0.28 | 51 | 4 | 143 | 2.4 | 1.6 | 1.2 | 0.1 | 0 | 3.7 | 4.9 |
| | かぼちゃのミルク煮 | 100 | 3.2 | 2.6 | 16.1 | 104 | 365 | 78 | 0.4 | 222 | 0.07 | 0.15 | 28 | 26 | 8 | 2.1 | 0.3 | 0.5 | 0 | 0 | 0.7 | 1.2 |
| | しいたけとはんぺんのすまし汁 | 22 | 2.7 | 0.2 | 3.5 | 529 | 275 | 32 | 0.4 | 76 | 0.05 | 0.08 | 48 | 5 | 2 | 1.2 | 1.4 | 0.1 | 0.9 | 0 | 0.1 | 0.3 |
| | 合計 | 525 | 21.6 | 13.4 | 79.0 | 1276 | 927 | 244 | 2.4 | 662 | 0.44 | 0.51 | 127 | 35 | 153 | 5.7 | 3.3 | 0.8 | 1.0 | 0 | 3.8 | 6.4 |
| P78 ビビンパ風どんぶり | ビビンパ風どんぶり | 458 | 18.5 | 12.9 | 64.5 | 858 | 661 | 135 | 3.5 | 203 | 0.27 | 0.29 | 124 | 23 | 110 | 4.1 | 2.1 | 0.4 | 0.7 | 0.5 | 4.2 | 5.8 |
| | キャベツの甘酢かけ | 52 | 1.1 | 2.2 | 7.6 | 122 | 175 | 35 | 0.3 | 11 | 0.04 | 0.03 | 63 | 33 | 0 | 1.7 | 0.3 | 0 | 0 | 0.3 | 0.6 | 0.9 |
| | 豆腐の薄くずスープ | 43 | 2.9 | 1.7 | 4.0 | 405 | 103 | 55 | 0.4 | 0 | 0.04 | 0.02 | 16 | 2 | 0 | 0.6 | 1.0 | 0 | 0.4 | 0.1 | 0.1 | 0.6 |
| | 合計 | 553 | 22.5 | 16.8 | 76.1 | 1385 | 939 | 225 | 4.2 | 214 | 0.35 | 0.34 | 203 | 58 | 110 | 6.4 | 3.4 | 0.4 | 1.1 | 0.8 | 4.7 | 7.0 |
| P80 野菜と豆のカレー | 野菜と豆のカレー | 481 | 15.4 | 14.0 | 71.2 | 829 | 447 | 68 | 2.4 | 165 | 0.21 | 0.18 | 50 | 42 | 21 | 6.2 | 2.1 | 0 | 1.3 | 0.7 | 4.0 | 6.0 |
| | グレープフルーツとレタスのサラダ | 61 | 1.4 | 2.2 | 10.0 | 240 | 283 | 40 | 0.4 | 47 | 0.10 | 0.07 | 78 | 36 | 0 | 1.5 | 0.6 | 0 | 0 | 0 | 0.7 | 0.7 |
| | 紅茶 | 2 | 0.2 | 0 | 0.4 | 2 | 12 | 2 | 0 | 0 | 0 | 0.02 | 5 | 0 | 0 | 0 | 0 | 0 | 0 | 0 | 0 | 0 |
| | 合計 | 544 | 17.0 | 16.2 | 81.4 | 1071 | 742 | 110 | 2.8 | 212 | 0.31 | 0.23 | 133 | 78 | 21 | 7.7 | 2.7 | 0 | 1.3 | 1.2 | 4.2 | 6.7 |

## 彩り小鉢

| 料理名 | エネルギー (kcal) | たんぱく質 (g) | 脂質 (g) | 炭水化物 (g) | ナトリウム (mg) | カリウム (mg) | カルシウム (mg) | 鉄 (mg) | ビタミンA (レチノール当量) (μg) | ビタミンB1 (mg) | ビタミンB2 (mg) | 葉酸 (μg) | ビタミンC (mg) | コレステロール (mg) | 食物繊維総量 (g) | 食塩相当量 (g) | 1群 | 2群 | 3群 | 4群 | 合計 |
|---|---|---|---|---|---|---|---|---|---|---|---|---|---|---|---|---|---|---|---|---|---|
| P82 エリンギのマリネ | 66 | 3.8 | 4.5 | 8.3 | 471 | 485 | 5 | 0.4 | 7 | 0.15 | 0.28 | 85 | 1 | 0 | 4.5 | 1.2 | 0 | 0 | 0.3 | 0.5 | 0.8 |
| P82 かぼちゃのオレンジ煮 | 175 | 2.6 | 4.4 | 32.8 | 234 | 603 | 23 | 0.6 | 358 | 0.13 | 0.10 | 63 | 61 | 11 | 3.8 | 0.6 | 0 | 0 | 1.6 | 0.6 | 2.2 |
| P83 ひじきと切り干し大根の煮 | 115 | 2.5 | 4.2 | 20.3 | 432 | 889 | 188 | 5.7 | 158 | 0.09 | 0.14 | 26 | 1 | 0 | 6.4 | 1.1 | 0 | 0 | 0.6 | 0.8 | 1.4 |
| P83 焼き野菜サラダ | 84 | 2.7 | 4.7 | 9.4 | 634 | 400 | 34 | 0.8 | 236 | 0.14 | 0.13 | 143 | 37 | 0 | 3.4 | 1.6 | 0 | 0 | 1.4 | 0.4 | 1.8 |
| P84 えのきたけのきんぴら | 76 | 3.2 | 4.2 | 11.4 | 344 | 366 | 2 | 1.2 | 1 | 0.24 | 0.18 | 77 | 1 | 0 | 3.9 | 0.9 | 0 | 0 | 0.2 | 0.7 | 1.0 |
| P84 ブロッコリーの蒸し煮 | 77 | 5.2 | 4.7 | 6.3 | 277 | 435 | 47 | 1.2 | 106 | 0.17 | 0.24 | 252 | 144 | 11 | 5.3 | 0.7 | 0 | 0 | 0.5 | 0.6 | 1.1 |
| P84 かぶとかぶの葉の煮浸し | 26 | 2.3 | 0.1 | 5.1 | 377 | 366 | 163 | 1.4 | 138 | 0.07 | 0.13 | 88 | 56 | 0 | 2.3 | 0.9 | 0 | 0 | 0 | 0.4 | 0.4 |

＊データは『日本食品標準成分表2010』（文部科学省）に基づいています。同書に記載のない食品は、それに近い食品の数値で算出しました。
＊端数は四捨五入をしています。

## 松田早苗 まつださなえ

女子栄養大学短期大学部栄養学研究室教授。女子栄養大学大学院栄養学研究科栄養学専攻修士課程修了。博士（栄養学）、管理栄養士。共著に『おいしく健康をつくる 新しい栄養学』（高橋書店）、『応用栄養学』（建帛社）など。

## 豊満美峰子 とよみつみおこ

女子栄養大学短期大学部調理学第二研究室准教授。女子栄養大学大学院栄養学研究科栄養学専攻修士課程修了。博士（栄養学）、管理栄養士。共著に『食の検定公式テキストブック2・3級』（農文協）、『調理学 ― 健康・栄養・調理』（アイ・ケイ・コーポレーション）など。

---

| | |
|---|---|
| 著者 | 松田早苗・豊満美峰子<br>小川久惠 p22, 26, 42, 50, 68<br>千葉宏子 p40, 46, 56, 72 |
| 撮影 | 原田真理<br>岩本朗・川上隆二・高木隆成・中村淳 |
| イラスト | 佐々木麗奈（スタジオダンク） |
| 編集協力 | 内野侑美（スタジオダンク）<br>筒井賢（スタジオダンク）<br>伊東杏希子 |
| デザイン | スタジオダンク |
| 栄養価計算 | スタジオ食 |
| 校正 | くすのき舎 |

毎日食べたい

# 女子栄養大学の500kcal定番ごはん

2012年4月5日 初版第1刷発行

発行所　女子栄養大学出版部
　　　　〒170-8481　東京都豊島区駒込3-24-3
　　　　電話　03-3918-5411（営業）
　　　　　　　03-3918-5301（編集）
　　　　ホームページ　http://www.eiyo21.com
　　　　振替　00160-3-84647

印刷・製本所　大日本印刷株式会社

本書の内容の無断転載・複写を禁じます。
乱丁本、落丁本はお取り替えいたします。
また、本書を代行業者等の第三者に依頼して電子複製を行うことは一切認められておりません。
ISBN 978-4-7895-4741-3
©Matsuda Sanae, Toyomitsu Mioko 2012, Printed in Japan